野菜消費の新潮流

ネット購買と食卓メニューから見る戦略

伊藤 雅之 著

筑波書房

はじめに

　本書は，これまで定性的・経験的に述べられることの多かった野菜のネット購買と家庭の食卓について，多面的な視点から定量的・実証的に分析し，その結果に基づいて今後の野菜消費の動向を提示したものである。

　我々が健康な生活を送るためには，野菜を適切に摂取することが必要である。ここで，野菜の適正摂取の状況を生み出していくためには，供給サイドと消費者サイドが，それぞれの持っている供給や需要に関する情報を共有することが有効である。一般的に，情報の非対称性があるので，野菜の栽培過程・流通過程について供給サイドのほうが，より豊富な情報を持っている。しかしながら，あまりにも情報の非対称性が極端になると，消費者サイドは価格の安さだけで購買判断をするようになり，供給サイドにとって望ましくない状況にいたる。あるいは，東日本大震災による東京電力福島第 1 原子力発電所の事故の発生後，供給サイドと消費者サイドとの間における情報ギャップによって，食の場面で風評被害等混乱が生じたが，現在でもそのような状況が完全に終息したとはいいがたい。より適切な野菜消費を推進するために，供給サイドは，消費者ニーズを理解した上でそれに見合った情報提供をしていく必要がある。

　ここでの課題は，いかにして供給サイドが消費者ニーズを入手するのかということである。供給サイドからすれば，「おいしいものは売れる」ので，情報入手や情報提供よりも，栽培技術や加工技術の高度化のほうが重要だという意見もある。この場合，一度食べてもらえば，新規顧客の獲得は可能となるので，課題は，どうやって最初に食べてもらえるかということになる。この方法の一つとして，口コミによる顧客拡大があげられるが，これは供給サイドからすれば，コントロールしにくいし時間もかかる。プロモーションを行うにしても，相応の対価が必要となる。ここで，インターネットを活用

することは一つの対応手段となりうるが，まずは何を情報提供すべきかを決める必要がある。供給サイドが消費者サイドへ情報を提供するためには，とらえどころがないと思われがちな消費者ニーズの特徴を明らかにし，それを踏まえる必要がある。

　健康志向や簡便志向の高まり，あるいは物販系eコマース，SNS等インターネット利用の普及・多様化に伴い，野菜の購入，調理，喫食，廃棄等からなる野菜消費は，今までにない特徴を示し始めている。顕在化しつつある消費者ニーズを明らかにするためには，消費者の行動や意識に関するデータを収集・整理し，それに基づいて分析する必要がある。

　このような背景のもとで，本書は，ネット購買の普及，食卓メニューの変化といった観点から，消費者の野菜消費における特徴を統計データやアンケートデータに基づいて明らかにしていくとともに，そこで得られた分析結果に基づいて，ネット購買の普及が，食卓メニューへどのような変化をもたらす可能性があるのかを見通す。もって，食品の生産や流通に携わる方々に対し，eコマースにどのように取り組むべきかに関するヒントを提供したいと考えた。また，自らの経営戦略を検討する際，外部環境分析に必要とされる知見を提供したいと考えた。

　本書は，3部構成からなる。第Ⅰ部は，ネット購買の普及の過程と現状について，野菜のネット購買の全体的な動向，ネット購買に関する消費者意識，ネット購買開始前後の変化から探る。第Ⅱ部は，自宅での夕食の食卓メニューに焦点をあて，その出現頻度，食材として用いられる野菜の利用頻度等を探る。また，東日本大震災が食卓メニューへ及ぼした影響について概観する。第Ⅲ部は，第Ⅰ部，第Ⅱ部で得られた分析結果に基づき，ネット購買の普及が，食卓メニューへどのような変化をもたらす可能性があるかについて見通しを述べる。

　本書は，多くの部分で消費者が回答したアンケートデータに基づいて集計・分析し，考察を加えている。アンケート対象者は，首都圏1都3県在住の2人以上世帯の20歳以上の女性である。首都圏はわが国の一大消費地ではある

が，野菜消費の特性が地域ごとに個別化している可能性もあるので，考察した内容が他地域へ適用可能であるとは限らないことに留意する必要がある。また男性や単身世帯の女性は対象外としている。さらにアンケートの実施時期が，適宜であることにも留意願いたい。

　なお，本書での各種分析の記述内容は，筆者がこれまで発表した研究成果をベースとして加筆・修正したものである。

　最後になりましたが，本書の出版にあたって筑波書房の鶴見治彦氏に大変お世話になりました。ここに心から厚く御礼申し上げます。また，諸先生方からのご指導や家族からの協力にも感謝申し上げます。

目　次

はじめに ……………………………………………………………………… *3*

第Ⅰ部　ネット購買の普及

第1章　eコマースの普及 ……………………………………………… *13*

　1．eコマースの概要 ………………………………………………… *13*

　（1）eコマースとは ………………………………………………… *13*

　（2）食品BtoＣeコマースの概略的な動向 ……………………… *14*

　2．食品BtoＣeコマースの利用者意識 ………………………… *16*

第2章　野菜のネット購買の全体的な動向 ………………………… *19*

　1．ネット購買頻度や購入金額等 ………………………………… *19*

　（1）農産物 …………………………………………………………… *19*

　（2）野菜 ……………………………………………………………… *29*

　2．野菜の品目別ネット購買 ……………………………………… *36*

　（1）品目別登場割合 ………………………………………………… *36*

　（2）登場割合に基づく因子分析 ………………………………… *37*

　（3）類型化されたクラスターの特徴 …………………………… *39*

　3．ネット購買に関する消費者意識 ……………………………… *40*

　（1）ネット購買の利用満足度 …………………………………… *40*

　（2）ネットチャネルの選択要因 ………………………………… *42*

　（3）チャネル選択要因に関する因子 …………………………… *45*

　4．ネット購買開始前後の変化 …………………………………… *48*

　（1）意識の変化 …………………………………………………… *48*

　（2）影響項目の特徴 ……………………………………………… *50*

　（3）変化の定量化の試み ………………………………………… *52*

8

第3章　野菜のネット購買に用いられるサイトの特徴 57
1．サイトの分類 57
（1）サイト利用での重要項目と魅力度合 57
（2）サイトの分類 60
2．サイト分類別の利用特性 60
（1）魅力項目と重要項目 60
（2）個別サイトの利用 64

第4章　事業者の対応課題 67
1．生産者・団体の取り組み 67
（1）自前でサイト開設 67
（2）ショッピングモールの開設 68
（3）契約栽培 69
2．スーパーマーケットの取り組み 69
3．ネットサービス事業者の多様化 70
（1）ショッピングモール 70
（2）異業種からの参入 71
（3）生活協同組合 72
（4）ナビゲーター 72

第Ⅱ部　食卓メニューの特徴と変化
第5章　食卓メニューの特徴 77
1．食卓メニューに関する意識 77
（1）食生活志向 77
（2）メニュー決定要因 80
（3）メニュー決定要因と調理行動 83
（4）メニュー決定要因と食生活志向 84
（5）統合的な調理行動モデルの作成 86
2．食卓メニューの出現状況 88
（1）食卓メニューの出現頻度 88

目　次　　9

　（2）自宅での夕食回数と平均メニュー数との関連 ……………………… 91

　（3）多頻度出現メニュー数，多頻度同時出現メニューペア数のモニ
　　　ター分布 …………………………………………………………………… 92

　（4）多頻度出現メニュー数と平均メニュー数，自宅での夕食回数 …… 93

　（5）食卓メニューの月別曜日別変動 ……………………………………… 95

　（6）食卓メニューの出現と世帯属性等との関連 ………………………… 98

　3．食卓メニューの組み合わせ ………………………………………………… 106

　（1）メニューペアの同時出現頻度 ………………………………………… 106

　（2）メニューペアの特徴 …………………………………………………… 109

　（3）多頻度同時出現メニューペアのネットワーク特性 ………………… 110

　4．食卓メニューから見た野菜の利用実態 ………………………………… 116

　（1）食材としての野菜 ……………………………………………………… 116

　（2）野菜の利用頻度 ………………………………………………………… 117

　（3）食卓メニューから見た野菜利用 ……………………………………… 119

第6章　加齢に伴う食卓の変化 …………………………………………………… 127

　1．食卓メニューの変化 ……………………………………………………… 127

　（1）変化の全体傾向 ………………………………………………………… 127

　（2）変化の影響要因 ………………………………………………………… 129

　2．野菜利用の変化 …………………………………………………………… 130

　（1）変化の全体傾向 ………………………………………………………… 130

　（2）野菜品目別に見た変化 ………………………………………………… 131

第7章　東日本大震災による影響 ………………………………………………… 135

　1．食意識への影響 …………………………………………………………… 135

　（1）全般的な影響 …………………………………………………………… 135

　（2）購入意識に対する影響 ………………………………………………… 137

　2．食卓メニューへ与えた影響 ……………………………………………… 139

　（1）食卓メニューの出現頻度から見た影響 ……………………………… 139

　（2）食卓メニューへ与えた影響の収束状況 ……………………………… 142

第Ⅲ部　ネット購買が食卓メニューへ及ぼす影響—ネット購買の普及は, 食卓メニューへどのような変化をもたらすか— ················· *147*

〈自宅での夕食回数は増えるか？〉 ·············· *147*

〈自宅での夕食のメニュー数は増えるか？〉 ·············· *148*

〈自宅での夕食の定番メニューは増えるか？〉 ·············· *149*

〈自宅での夕食で食す野菜の種類は増えるか？〉 ·············· *150*

〈自宅での夕食でどのような野菜が食されるようになるか？〉 ·········· *151*

〈野菜を使った食卓メニューは変化するか？〉 ·············· *153*

Webアンケートの実施時期と都県別回答者数 ·············· *154*

第Ⅰ部　ネット購買の普及

第1章
eコマースの普及

eコマースの概念，近年の市場動向とその背景にある利用者意識について俯瞰する。

1．eコマースの概要

（1）eコマースとは

eコマース（電子商取引）については，「電子商取引は，何らかの電子的手段やコンピュータ・ネットワーク等を活用して，有形財，サービス財，ソフトウエア，デジタルコンテンツ等をオンラインで取引・売買するものである」といわれている[1]。通信のための情報ネットワークとしては，1980年代のキャプテンシステム，1980年代後半から1990年代前半までのパソコン通信があったが，現在ではインターネットが主流である。食品関連の消費者向けeコマースの事業形態は，2010年代以降，小売業主導によるネットスーパー，ベンチャー企業，異業種からの参入など多様化している。

eコマースの種類には，事業者間での取引・売買であるB to B，事業者と消費者との間の取引・売買であるB to Cがある。本書では，B to Cを対象とする。

B to Cの種類には，物販系eコマース，旅行サービス・飲食サービス・チケット・金融サービス等サービス系eコマース，電子出版・有料音楽配信・有料動画配信・オンラインゲーム等デジタル系eコマースがある[2]。本書では物販系eコマースを対象とする。物販系eコマースの事業サービスとしては，たとえば，楽天市場，アマゾン，ヤフーが代表例である。

本書では，物販系eコマースで取引・売買される財として，食品を対象とするが，その中でも主に野菜に焦点をあてる。

（2）食品BtoCeコマースの概略的な動向

わが国におけるBtoCeコマースの実態について，食品に着目して概観する。

総務省「平成23年通信利用動向調査」によると，女性が過去1年間に家庭内からインターネットで食料品（食品，飲料，酒類）を購入した経験割合は，20歳代15.9％，30歳代34.6％，40歳代36.2％，50歳代34.5％，60歳以上37.9％となっている。また，近年食料品小売業の消費者向け電子商取引金額は，7年間で約3.5倍と増大してきている（図1-1）。

農林水産省「食品流通の電子商取引等に関する意識・意向調査結果」（2013年2月22日公表）によると，食品小売業において業者間の電子商取引を利用しているとの回答割合は40.5％である。また現在事業者間で電子商取引を利用している品目を見ると，加工食品69.8％，青果物35.8％，米穀類27.4％（複数回答）となっている。さらに今後事業者間で電子商取引を利用したい品目を見ると，加工食品65.6％，青果物43.5％，米穀類29.6％となっており，青果物の利用割合の伸びが大きい。

経済産業省「平成26年度我が国経済社会の情報化・サービス化に係る基盤

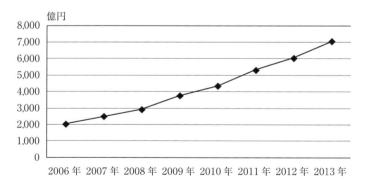

図1-1 食品小売業の消費者向け電子商取引金額の推移

資料：経済産業省「電子商取引に関する市場調査」より作成。

整備（電子商取引に関する市場調査）」によると，食品，飲料，酒類の2014年B to C-EC（eコマース）市場規模は11,915億円（前年比20.4％増），EC化率1.89％となっている。物販系分野のB to C-ECのEC化率は，4.37％であり，食品等が今後伸びる余地はあると考えられる。ただし，同書の中で「食品，飲料，酒類を販売する大小様々な実店舗は地域に密着する形で全国に存在し，消費者との間にリレーションシップを確立してそれぞれの地域に根を下ろしている。よって，将来的にB to C-ECがそれらを大きく飲み込むことでB to C-ECの市場規模が極端に拡大するということは現実的には想定しがたい」と述べられている。既存店舗はすでにかなりの効率を実現していること，及びネット販売では配達コストが必要であることから，食品のネット販売の普及は短期的にみると限界があるとの指摘もある[3]。情報システムメンテナンスコストも必要となる。しかしながら，地域に根を下ろしていることと市場規模の拡大を図ることとを同時に追求することは矛盾することではなく，また店舗間競争の激化，消費者サイドの意識変化，買い物弱者の増大，ITイノベーションなど環境の変化もあるので，食品のネット販売の普及推進は，容易でないかもしれないが，チャレンジする余地はある。

　社団法人日本通信販売協会が実施した「第4回インターネット通信販売利用実態調査報告書」（2011年12月発行）によると，女性で，2011年中にパソコンのインターネット通販を利用して購入したことのある品目として，「本・雑誌・コミック」49.8％が最も高く，「食料品/飲料（アルコール類を除く）」43.9％が次にあげられていた。後者については，男性の回答割合が33.1％であり，女性の回答割合が相対的に高くなっていた。また，「第6回インターネット通信販売利用実態調査報告書」（2014年2月発行）によると，女性で，2013年中に同「食料品/飲料（アルコール類を除く）」45.8％，「本・雑誌・コミック」44.8％となっており，わずかではあるが，食料品等の伸びが大きかった。

2．食品 B to C e コマースの利用者意識

　消費者は，食品購入等の場面において，インターネットをどの程度どのように利用しているのであろうか。

　アンケート１（対象は，首都圏１都３県に住む２人以上世帯の女性。内訳は巻末参照）によるデータを用いて解説する。食品に関するインターネット利用の潜在意識を探るため，情報入手のためのアクセス回数（２項目），食品購入のためのアクセス回数（15項目），アクセス後の購入割合（３項目）の回答データに基づき，因子分析を行った（**表1-1**）。

　第１因子は，「野菜（加工品も含む）の購入目的」「肉類（加工品も含む）

表 1-1　因子分析結果

	日常食材調達	特別食材調達	共通性
野菜（加工品も含む）の購入	0.892	0.241	0.854
肉類（加工品も含む）の購入	0.867	0.301	0.843
魚介類（加工品も含む）の購入	0.841	0.273	0.782
果物（加工品も含む）の購入	0.805	0.357	0.775
コメや野菜・果物（加工品も含む）の購入割合	0.746	0.193	0.594
魚介類（加工品も含む）やお酒（日本酒，ワイン，焼酎など）の購入割合	0.730	0.292	0.619
コメの購入	0.613	0.303	0.467
食材宅配サイト	0.484	0.263	0.303
スイーツの購入割合	0.483	0.431	0.609
ネットスーパー	0.477	0.296	0.316
お酒（日本酒，ワイン，焼酎など）の購入	0.423	0.595	0.532
地域特産品の購入	0.330	0.773	0.706
スイーツの購入	0.333	0.706	0.419
健康食品の購入	0.238	0.656	0.487
お中元やお歳暮などのギフト品の購入	0.152	0.589	0.369
個別の企業・団体・農家等のホームページ	0.227	0.586	0.395
ショッピングモール	0.290	0.569	0.408
食品安全情報や食品生産情報の入手	0.242	0.567	0.381
外食宅配サイト	0.274	0.560	0.389
レシピ情報やグルメ情報の入手	0.084	0.385	0.155
因子負荷量の平方和	5.819	4.585	
寄与率	29.093	22.926	
累積寄与率	29.093	52.018	

注：因子抽出法は主因子法，バリマックス回転後。

の購入目的」「魚介類（加工品も含む）の購入目的」「果物（加工品も含む）の購入目的」「コメや野菜・果物（加工品も含む）の購入割合」「魚介類（加工品も含む）やお酒（日本酒，ワイン，焼酎など）の購入割合」「コメの購入目的」「食材宅配の利用度合」と関連があることから，日常的な食卓でのインターネット利用に関する因子であり，「日常食材調達因子」と名付ける。第２因子は，「地域特産品の購入目的」「スイーツの購入目的」「お中元やお歳暮などのギフト品の購入目的」「個別の企業・団体・農家等のホームページの利用度合」「ショッピングモールの利用度合」「食品安全情報や食品生産情報の入手」「外食宅配の利用度合」と関連があることから，これまで食べた事のないような珍しい食品を探すためにインターネットを利用していることを表しており，「特別食材調達因子」と名付ける。

　このように，日常食材調達因子と特別食材調達因子という２つの因子が抽出された。日常の食卓の充実を図るために利用する因子と普段の食事では食べないような地域特産品を購入するために利用する因子の２つである。

　これら２つの因子を軸としてとらえると，消費者は，どちらも高利用ニーズを有している消費者，いずれか一方のみ高利用ニーズを有している消費者，いずれについても利用するというニーズを有していない消費者という４つに類型化される，と想定される。そこで，モニターの因子得点に基づき，非階層型クラスター分析により４つに分類したところ，高利用調達ニーズ型（日常食材調達因子得点と特別食材調達因子のいずれも高得点），特別食材高利用ニーズ型（日常食材調達因子得点は低得点で特別食材調達因子は高得点），日常食材高利用ニーズ型（日常食材調達因子得点は高得点で特別食材調達因子は低得点），低利用ニーズ型（日常食材調達因子得点と特別食材調達因子のいずれも低得点）の４つに分類された。高利用調達ニーズ型消費者16.7％，特別食材高利用ニーズ型20.7％，日常食材高利用ニーズ型17.3％，低利用ニーズ型45.3％となった。低利用ニーズ型の割合が半分弱となっており，全体的には，食品購買に関するインターネット利用は，揺籃期の時期であると考えられる。

18　第Ⅰ部　ネット購買の普及

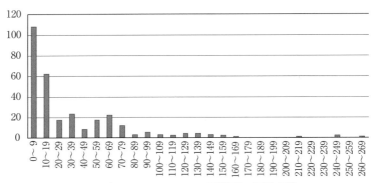

図1-2　インターネットへのアクセス回数別の回答者数
注：回答者総数は300名である。

　ネットスーパー，ショッピングモール，個別の企業・団体・農家等のホームページ，食材宅配，外食宅配へのアクセス回数について，「週に1回以上」を53回/年，「月に2〜3回程度」を30回/年，「月に1回程度」を12回/年，「年に3〜8回程度」を5.5回/年，「年に1回程度以下」を1回/年として，回答者ごとに年間アクセス回数を集計した（**図1-2**）。図より，一定量のアクセスをしている「20回/年〜」に該当する回答者を見ると，「30〜39回/年」と「60〜69回/年」をピークとする形状を示していた。月3回アクセスする，あるいは週1回アクセスするといったアクセスパターンが存在することがうかがわれた。

注
1) 高橋秀雄（2012）『eコマース・ビジネス』中央経済社による。
2) 経済産業省「平成26年度我が国経済社会の情報化・サービス化に係る基盤整備（電子商取引に関する市場調査）」による分類である。
3) フィリップ・エバンス，トーマス・S・ウースター，ボストン・コンサルティング・グループ（1999）『ネット資本主義の企業戦略』ダイヤモンド社による。

第**2**章

野菜のネット購買の全体的な動向

　消費者側から見た野菜のネット購買の実態，特徴，これらと世帯属性等との関係を明らかにする。まず，農産物や野菜を対象としてネット購買頻度や購入金額等実態を整理し，野菜については品目別に特徴を明らかにする。次に，ネット購買の背景にある消費者意識を探る。さらに，ネット購買を始める前と後での意識や買物行動の変化を探る。

１．ネット購買頻度や購入金額等

（１）農産物

１）全体的な傾向

　農産物購入の場面でインターネットは，どの程度利用されているのであろうか。アンケート１（対象は，首都圏１都３県に住む２人以上世帯の女性。内訳は巻末参照）によるデータを用いて解説する。まず，インターネット利用の目的別にアクセス回数を整理する。具体的には，情報入手に関して２項目（「レシピ情報やグルメ情報」と「食品安全情報や食品生産情報」），購入品目別に10項目（「コメ」「野菜（加工品も含む）」「果物（加工品も含む）」「肉類（加工品も含む）」「魚介類（加工品も含む）」「お酒（日本酒，ワイン，焼酎など）」「地域特産品」「健康食品」「スイーツ」「お中元やお歳暮などのギフト品」），サイトの種類[1]別に５項目（「ネットスーパー」「ショッピングモール」「個別の企業・団体・農家等のホームページ」「食材宅配」「外食宅配」）をとりあげた。アクセス回数は「週に１回程度以上」「月に２〜３回程度」「月に１回程度」「年に３〜４回程度」「年に１回程度以下」の５つの選択肢の中から選んでもらった。「週に１回程度以上」を53回/年，「月に２〜３回程度」

20　　第Ⅰ部　ネット購買の普及

を30回/年,「月に1回程度」を12回/年,「年に3〜8回程度」を5.5回/年,「年に1回程度以下」を1回/年として,年あたりアクセス回数を集計した。ただし,たとえば情報入手において1つのサイトへの一度のアクセスでレシピ情報と食品安全情報の両方を入手している場合,それぞれが1回とカウントされることとなるので,当該アクセス回数の集計値は,インターネットへアクセスを開始してから終了するまでを1回のアクセスと定義してカウントする集計値よりも大きめの値となる[2]。

　まず,回答者全員の平均値でインターネットへのアクセス回数を見る(図2-1における「全平均」)。

　情報入手内容別に見ると,「レシピ情報やグルメ情報」へのアクセス回数の平均値は30.9回/年,「食品安全情報や食品生産情報」同7.1回/年,合計38.0回/年であり,前者は後者の4倍強のアクセス回数となっている。2つの項目とも「年に1回程度以下」(すなわち,情報入手をほとんどしていない)の回答者数は,33名(11.0%)であった。

　購入品目別に見ると,「魚介類」9.0回/年,「果物」8.9回/年,「野菜」8.9回/年,「肉類」8.6回/年となっている。アンケートで尋ねた10種類の食品(図2-1における「コメ」から「お中元やお歳暮などのギフト品」まで)すべてについて「年に1回程度以下」,すなわち食品購入のためにインターネットにアクセスしたことがほとんどないとの回答者数は,72名(24.0%)であった。

　サイトの種類別に見ると,「食材宅配」9.2回/年,「ネットスーパー」8.3回/年,「ショッピングモール」8.0回/年となっている。アンケートで尋ねた5種類のサイト(図2-1における「ネットスーパー」から「外食宅配」まで)すべてについて「年に1回程度以下」,すなわち食品購入のために提示されたサイトにアクセスしたことがほとんどないとの回答者数は,109名(36.3%)であった。品目別に尋ねた非利用者数の割合は24.0%(72名)であり,これと比べると約12ポイント大きい値となっているが,これはブログや検索サイトなど,アンケートで記載されている選択肢以外のサイトを利用して食品購入をしようとした回答者がいることによると考えられる。

第2章　野菜のネット購買の全体的な動向　21

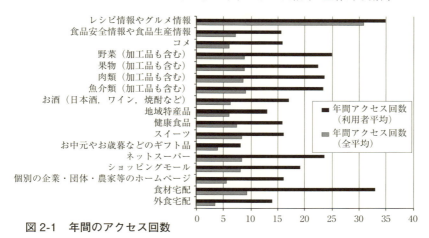

図2-1　年間のアクセス回数

注：「コメ」から「お中元やお歳暮などのギフト品」までは，これら商品を購入することを目的にサイトへアクセスしている回数である。

　前述の傾向は，回答者全員の平均値によるものであり，インターネットに一定の知識を有するものの，食品購入のためにインターネットをほとんど利用していない方々を含んだ平均値である。そこで，食品購入のためにインターネットを一定程度利用している方々の利用特性を把握するため，項目ごとに「年に3～8回程度」以上利用していると回答した方々を抽出して，インターネットへのアクセス回数を見ることとする（**図2-1**における「利用者平均」）。平均アクセス回数については，レシピ情報やグルメ情報の入手目的が34.8回/年で最も多く，次に食材宅配サイトへのアクセス32.9回/年，野菜の購入のため利用24.9回/年と続く。レシピ情報やグルメ情報の入手のためのアクセスにおいては，インターネットを利用していないとの回答者が少ないため，回答者全員の平均アクセス回数と利用者の平均アクセス回数との間に大きな乖離はなかった。レシピ情報等の入手のためのアクセス回数は34.8回/年，食品安全情報や食品生産情報は同15.7回/年であることから，これらの合計は50.5回/年となる。1回のアクセスでいずれかの情報入手だけを行っていると仮定すれば，インターネットを一定程度利用しているとの回答者は，食品情報入手のため週1回程度の頻度でインターネットへアクセスしている

22   第Ⅰ部　ネット購買の普及

ことがうかがわれた。また，野菜，果物，肉類，魚介類の購入のためのインターネットへのアクセス回数はそれぞれほぼ同程度であることが観察された。サイト種別にみると，食材宅配サイトではアクセス頻度の高いヘビーユーザーが多いことがうかがわれた。

　図2-1より，サイトの種類別の利用者平均のアクセス回数を見ると，食材宅配が最も大きく，次にネットスーパーであった。そこで，利用頻度の高い2つのサイト種類に着目して，その利用特性を観察することとした。まず，これら2つのサイト両方を利用している回答者（いずれのサイトについても年に3～8回程度以上アクセスしていると回答，13.7％），どちらか一方を利用している回答者（いずれか一方のサイトのみ3～8回程度以上アクセスしていると回答，具体的にはネットスーパー利用有・食材宅配利用なしと回答18.7％，ネットスーパー利用なし・食材宅配利用有と回答12.0％），両方ともほとんど利用していない回答者（いずれのサイトも年に1回程度以下しかアクセスしていないと回答，55.7％）の4分類に分けて見ることとした。両方ともほとんど利用していないとの回答者が過半数を占めていた。

　まず，利用するサイトの種類によって，購入品目別に見たアクセス回数に違いがあるのかどうかを観察する（図2-2）。食材宅配サイト及びネットスーパーの両方を利用する（両方のサイトとも「年に3～8回程度」以上アクセスしていると回答）との回答者の特性を見る。「両サイト利用者」は，すべての品目で他の3つの層と比べてアクセス回数が多くなっている。このことは，両サイト利用者がある一つの品目を購入しようとした場合に，2つのサイトにアクセスし比較・検討している可能性を示唆している。

　次に，ネットスーパーのみ利用者（56名）と食材宅配サイトのみ利用者（36名）の間で，品目別アクセス回数に関して相違があるかどうかを探るため，t検定を実施した。すべての品目で，5％有意水準でアクセス回数の平均に差があるとはいえないことが示された。このことは，ネットスーパーと食材宅配サイトの間で品揃えに関する相違が小さい可能性を示唆している。

第2章　野菜のネット購買の全体的な動向　23

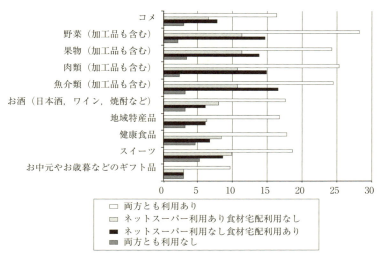

図2-2　インターネットの年間アクセス回数（ネットスーパーと食材宅配サイト）

2）品種別購入割合

　アンケート1（対象は，首都圏1都3県に住む2人以上世帯の女性。内訳は巻末参照）では，「近年1年間でインターネットにアクセスした回数のうちで食品購入に至った回数の割合はおおむねどの程度でしょうか」について，「コメや野菜・果物（加工品を含む）」「魚介類（加工品を含む）やお酒（日本酒，ワイン，焼酎など）」「スイーツ」の3品目別に尋ねた。選択肢は「5割程度以上」「3～4割程度」「1～2割程度」「1割程度未満」「利用しなかったのでわからない」である。

　まず，「利用しなかったのでわからない」以外を選択した回答者（アクセスしたことのある回答者）について見ると「コメや野菜・果物」では168名（56.0％），「魚介類やお酒」では164名（54.7％），「スイーツ」では181名（60.3％）であった。いずれの品目についても60％前後の回答者が近年1年間でアクセス経験を有していた。

　次に，アクセスしたことのある回答者を対象として購入割合（アクセス行動あたりの購入にいたった割合）を見ると，「コメや野菜・果物」では28.0％，

24　第Ⅰ部　ネット購買の普及

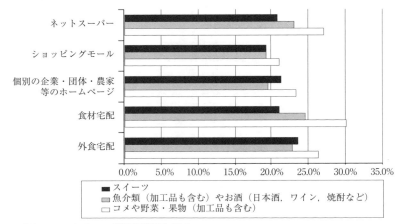

図2-3　サイトの種類別購入割合

「魚介類やお酒」では24.5％,「スイーツ」では21.9％であった。コメや野菜・果物よりもスイーツのほうがより広範・慎重に比較・吟味されているかもしれない。ここで,購入割合は「5割程度以上」50％,「3～4割程度」35％,「1～2割程度」15％,「1割程度未満」10％として算出した。

　ネットスーパー等サイトの種類別に購入割合に違いがあるかどうかを探る。インターネットへアクセスした後,購入にいたった状況を見るため,ネットスーパー等において「年に3～8回程度」以上アクセスしたとの回答者を対象として観察することとした(**図2-3**)。ここで,購入割合の質問で「利用しなかったのでわからない」と回答している場合については,その購入割合は0％として算出した。アクセスあたりの購入割合が最も高かったのは,食材宅配サイトでコメや野菜等を購入する場合30.1％,次にネットスーパーで同27.0％,外食宅配サイトで同26.4％と続く。いずれのサイトでも「コメや野菜・果物」の購入割合が最も大きかった。「魚介類やお酒」と「スイーツ」を比べると,ネットスーパーと食材宅配サイトでは前者のほうが高かったが,個別の企業等のホームページと外食宅配サイトでは後者のほうが高かった。

　サイトの種類ごとの品目別購入割合の平均値を用いて階層的クラスター分析を行った。2つのクラスターに分けると,外食宅配,ネットスーパー,食

材宅配サイトのグループとショッピングモール，個別企業等のホームページのグループに分けられた。この2つの分類を見ると，スーパーや専門店での買物や外での食事を自宅に居ながらにして効率的に実現したいという利用パターンと，インターネットにアクセスしてみて気に入ったものがあったら購入したいという利用パターンの2つに分けられるのではないかと推測される。前者は計画購買に近く，後者は非計画購買に近いと考えられる[3]。

3）情報入手のためのアクセスと世帯属性との関連

　食品情報の入手を目的としてインターネットに頻繁にアクセスする消費者とそうでない消費者とで世帯属性に違いがあるかどうかを探る。まず，食品に関する情報入手のためのインターネット利用において，おおむね週1回程度以上アクセスすること，すなわち54回/年以上を高アクセス者（131名）と定義し，おおむね月1回程度以下アクセスすること，すなわち17.5回/年以下を低アクセス者（98名）と定義した。ここで，アンケートでは，アクセス回数を5段階の選択肢で尋ねていること，及び回答者は何回アクセスしたかを正確に記憶しているとは限らないことから，アクセス回数は数量データではあるがカテゴリーデータとして扱うこととした。アクセス回数は，「レシピ情報やグルメ情報」と「食品安全情報や食品生産情報」のそれぞれのアクセス回数を加えたものとした。ただし，インターネットへ接続して異なるサイトで上記2つの情報入手を行った場合では，それぞれ1回ずつアクセスしたと回答されていることから，2回のアクセスとカウントされていることに留意が必要である。閾値は，それぞれのカテゴリーにおおむね3分の1程度のサンプル数が含まれるように設定した。

　高アクセス者であるか低アクセス者であるかを目的変数，世帯属性を説明変数として数量化Ⅱ類分析を実施した（**表2-1**）。相関比は0.0875，確率による判別的中率は63.3%であり，やや弱い関連が見られた。レンジ，偏相関係数を見ると，就業分類が最も大きかった。高アクセス者の割合は，フルタイム・自営業等その他で高く，パート・アルバイトでは低かった。フルタイム・

26 第Ⅰ部　ネット購買の普及

表 2-1　サイトへのアクセス頻度に関する数量化Ⅱ類分析

		情報入手のためのアクセス				食品購入のためのアクセス			
		回答者数	カテゴリースコア	高利用者の割合	レンジ（上段）偏相関係数（下段）	回答者数	カテゴリースコア	高利用者の割合	レンジ（上段）偏相関係数（下段）
家族人数	2人	57	-0.1472	61.4%		54	-0.6731	48.1%	
	3人	89	0.2101	60.7%	1.3158	86	0.5991	65.1%	1.2722
	4人	61	-0.4730	44.3%	0.1381	46	-0.5328	41.3%	0.1825
	5人以上	22	0.8429	68.2%		18	0.5183	55.6%	
就業	専業主婦	152	0.1825	60.5%		141	-0.0001	55.3%	
	パート・アルバイト	55	-0.9854	41.8%	2.1879	46	-0.0545	52.2%	0.2028
	フルタイム・自営業その他	22	1.2024	72.7%	0.1789	17	0.1483	52.9%	0.0037
長子	子供なし	43	0.9493	67.4%		36	0.5003	50.0%	
	乳児・幼児	44	0.1610	63.6%	1.3280	39	0.0528	48.7%	0.7101
	小学生	26	-0.1524	50.0%	0.1228	24	0.0819	45.8%	-0.0872
	中・高・大・社会人	116	-0.3788	52.6%		105	-0.2098	60.0%	
年齢	39歳以下	73	-0.0376	63.0%		66	-0.6245	45.5%	
	40歳代	59	-0.5100	47.5%	1.1400	50	-0.8025	42.0%	2.0664
	50歳代	58	0.6300	62.1%	0.1002	51	1.2638	74.5%	0.2605
	60歳以上	39	-0.0950	53.8%		37	0.4564	59.5%	
都道府県	埼玉県	42	0.4935	64.3%		36	-0.4043	47.2%	
	千葉県	37	-0.4497	51.4%	0.9432	35	0.3415	62.9%	0.7459
	東京都	95	-0.0264	56.8%	0.0780	83	0.0656	54.2%	0.0893
	神奈川県	55	-0.0287	56.4%		50	-0.0569	54.0%	

　自営業等その他のサンプル数は少ないので，今後さらなる分析による検証が必要であるが，当該層は，パート・アルバイトと比べて食品に関する外部情報を積極的に収集・活用する傾向があることがうかがわれた。

4）食品購入のためのネットアクセス回数と世帯属性との関連

　食品購入を目的としてインターネットに頻繁にアクセスする消費者とそうでない消費者とで世帯属性に違いがあるかどうかを探る。まず，食品購入のためのインターネット利用において，おおむね週1回程度以上アクセスすること，すなわち50.5回/年以上を高アクセス者（121名）と定義し，おおむね月1回程度以下アクセスすること，すなわち14.5回/年以下を低アクセス者（93名）と定義した。アクセス回数は情報入手のためのアクセスと同様カテゴリーデータとして扱うこととした。また，アクセス回数は,「コメ，野菜（加工品も含む)，果物（加工品も含む)，肉類（加工品も含む)，魚介類（加工

品も含む），お酒（日本酒，ワイン，焼酎など），地域特産品，健康食品，スイーツ，お中元やお歳暮などのギフト品」のそれぞれのアクセス回数を加えたものとした。ただし，インターネットへ接続して異なるサイトで上記複数の情報入手を行った場合では，それぞれ1回ずつアクセスしたと回答されていることから，複数回のアクセスとカウントされていることに留意が必要である。閾値は，それぞれのカテゴリーにおおむね3分の1程度のサンプル数が含まれるように設定した。

　高アクセス者であるか低アクセス者であるかを目的変数，世帯属性を説明変数として数量化II類分析を実施した（**表2-1**）。相関比は0.1078，確率による判別的中率は64.7％であり，やや弱い関連が見られた。レンジ，偏相関係数を見ると年齢が最も大きかった。食品購入を目的としてネットを利用するかどうかは世帯属性の中で年代と関連が強いことがうかがわれた。高アクセス者の割合を年代別に見ると，40歳代では42.0％と低く50歳代では74.5％と高かった。

5）購入割合と世帯属性との関連

　ネットにアクセスした後，それが実際の購入に結びつく割合，すなわち購入割合と世帯属性との関連について観察する。

　アンケートでは，「コメや野菜・果物（加工品も含む）」「魚介類（加工品も含む）やお酒（日本酒，ワイン，焼酎など）」「スイーツ」の3つの品目別に，「①5割程度以上②3～4割程度③1～2割程度④1割程度未満⑤利用しなかったのでわからない」の5つの選択肢から選んでもらった。そこで，5割程度以上と3～4割程度を高購入割合者，1～2割程度と1割程度未満を低購入割合者とした。

　高購入割合者か低購入割合者かを目的変数，世帯属性を説明変数として数量化II類分析を実施した。コメや野菜・果物の購入について，相関比は0.072，確率による判別的中率は58.3％であり，ほとんど関連がなかった。参考までにレンジ，偏相関係数を見たところライフステージ長子が最も大きか

28 第Ⅰ部　ネット購買の普及

った。小学生のいる家庭では購入割合が高く，子供なしの家庭では同低かった。魚介類やお酒の購入について，相関比は0.103，確率による判別的中率は63.4％であり，やや弱い関連が見られた。世帯属性では，長子がレンジで1位，偏相関係数で2位，都県がレンジで2位，偏相関係数で1位を示した。長子では，小学生のいる家庭では購入割合が高く，子供なしの家庭では同低かった。スイーツの購入について，相関比は0.094，確率による判別的中率は64.6％であり，やや弱い関連が見られた。世帯属性では，長子がレンジで1位，偏相関係数で2位，年齢がレンジで2位，偏相関係数で1位を示した。長子では，小学生のいる家庭では購入割合が高く，子供なしの家庭では同低かった。年齢では，50歳代で購入割合が高く，40歳代では同低かった。

　以上のことから，購入品目にかかわらず，購入割合が高いかどうかはライフステージ長子の状況と関連が強く，小学生のいる家庭の女性は，子供なしの家庭の女性より購入割合が高い傾向が見られた。ただし，小学生のいる家庭のサンプル数が少ないことから，さらなる分析による検証が必要である。**表2-1**より，子供なしの家庭の女性は，小学生のいる家庭の女性よりも，情報入手や食品購入のためインターネットにより頻繁にアクセスしていることから，当該家庭の女性は，インターネットでより多くの情報を求め，多くの選択肢を吟味していることが背景にあるのではないかと考えられる。

6）ネット利用意識の類型別にみた世帯属性との関連

　表1-1に示したように，食料消費に関するインターネット利用の潜在意識として，日常食材調達意識と特別食材調達意識が抽出された。ネット利用者は，これら意識によって特徴づけられる。そこで，日常食材調達意識因子と特別食材調達意識因子ごとに回答者の因子得点を計算し，0を閾値として，回答者を高意識者と低意識者の2つに分類した。その上で，回答者を，高利用調達ニーズ型（日常食材調達意識と特別食材調達意識とも正，該当者数50名），特別食材高利用ニーズ型（日常食材調達意識が負で特別食材調達意識は正，同62名），日常食材高利用ニーズ型（日常食材調達意識が正で特別食

材調達意識は負，同52名），低利用ニーズ型（日常食材調達意識と特別食材調達意識とも負，同136名）の４つに分類した。

　４つのグループ間に年齢，世帯人数の平均に差があるかどうかを探るため分散分析を行った。まず，年齢，世帯人数いずれについても，５％有意水準で等分散性を仮定できることが観察された。次に，分散分析を行ったところ，年齢，世帯人数いずれについても，５％有意水準で４つのグループの平均は同じであるといってよいことが観察された。インターネットの利用意識によって分類されたグループごとに，年齢，世帯人数による相違があることは確認されなかった。

（２）野菜

１）全体的な傾向

　野菜は，インターネット経由でどの程度購入されているのであろうか。アンケート２（対象は，首都圏１都３県に住む２人以上世帯の女性。内訳は巻末参照）によるデータを用いて解説する[4]。アンケートで，ネットスーパーあるいは食材宅配サイト経由での野菜購入において，どのような野菜をどのような場面で利用しているかを尋ねた[5]。回答は，「あてはまる」「ややあてはまる」「どちらともいえない」「あまりあてはまらない」「あてはまらない」の５段階で選択してもらった。「あてはまる」１点，「ややあてはまる」２点，「どちらともいえない」３点，「あまりあてはまらない」４点，「あてはまらない」５点として，平均点を算出した。

　ネット利用者（134名）の全体的な特性は次のとおりである（表2-2）。購入する野菜の特性について，平均点が最も小さかった（あてはまり度合いが最も高い）のは，「野菜の産地を確認して購入する」2.36，最も大きかった（あてはまり度合いが最も低い）のは，「ネットで事業者が推奨している野菜を購入することが多い」3.26であった。野菜の産地にこだわって購入する傾向が見られた。購入する場面について，平均点が最も小さかった（あてはまり度合いが最も高い）のは，「買い物に出かける余裕がない時にアクセスする」

30   第Ⅰ部　ネット購買の普及

表 2-2　ネット利用者の全体特性（野菜購入）

	項　　目	平均点
購入する野菜	サラダなど生食用野菜を購入することが多い	2.93
	煮物，揚げ物など調理用野菜を購入することが多い	2.92
	ネット上で事業者が推奨している野菜を購入することが多い	3.26
	重い，あるいはかさばる野菜を購入しがちである	2.67
	毎回ほぼ同じ種類の野菜を購入する	2.77
	無農薬や有機など特別に栽培された野菜を購入する	2.75
	野菜の産地を確認して購入する	2.36
	一度購入し食べてみておいしかった野菜を繰り返し購入することが多い	2.38
	八百屋さんやスーパーなどお店で売られていない野菜を購入する	3.22
野菜購入でネットスーパーあるいは食材宅配サイトへアクセスする場面	決まった曜日，決まった時間など習慣的にアクセスする	3.16
	買い物に出かける余裕がない時にアクセスする	2.91
	天気や体の調子によって外へ買い物に出たくない時にアクセスする	2.98
	メニューを何にしようか迷った時にアクセスする	3.65
	栄養バランスに配慮したメニューにするためにアクセスする	3.59
	塩分・糖分・油脂分やカロリーを控えめにしたメニューにするためにアクセスする	3.75
スーパー等で購入する野菜と比較	ネットで購入する野菜のほうが，鮮度がよい	2.69
	ネットで購入する野菜のほうが，価格が安い	3.45
	ネットで購入する野菜のほうが，安全である	2.72

注：「購入する野菜」と「野菜購入でネットスーパーあるいは食材宅配サイトへアクセスする場面」
　　では「あてはまる」，「スーパー等で購入する野菜と比較」では「そう思う」，をそれぞれ１
　　点とし，５段階別に１～５点で点数化し平均点を算出した。

2.91，最も大きかった（あてはまり度合いが最も低い）のは，「塩分・糖分・
油脂分やカロリーを控えめにしたメニューにするためにアクセスする」3.75
であった。

　スーパー等で購入する野菜と比べて，ネットスーパー等で購入する野菜の
特徴を尋ねた。「ネットで購入する野菜のほうが，鮮度がよい」「ネットで購
入する野菜のほうが，価格が安い」「ネットで購入する野菜のほうが，安全
である」の３項目について，「そう思う」「ややそう思う」「どちらともいえ
ない」「あまりそう思わない」「そう思わない」の５段階で尋ねた。「そう思う」
１点，「ややそう思う」２点，「どちらともいえない」３点，「あまりそう思
わない」４点，「そう思わない」５点として平均点を算出した。ネット利用
者の平均点を見ると，鮮度については2.69，価格については3.45，安全につ
いては2.72であり，ネットスーパー等で購入する野菜に対して，価格よりも
鮮度や安全性を評価していることがうかがわれた。

ネット利用者の利用実態の潜在因子を探るため，野菜購入のためのネットスーパーや食材宅配サイトへのアクセス度合（2項目），購入する野菜の特性（9項目），及びインターネットへアクセスする場面（6項目）に関するあてはまり度合，ネットスーパー等で購入する野菜とスーパー等で購入する野菜とを比べた場合の前者の特徴（3項目）に関する賛同度合を用いて因子分析を実施した。ここで，インターネット経由で野菜を購入している実態の因子を探るといった観点から，利用実態を表現する項目（前記合計20項目）を選定し因子分析に用いた。

　分析結果に基づき，初期の固有値が1.0以上となる因子数は5つであったことから，5つの因子を抽出した（**表2-3**）。第1因子は，「一度購入し食べてみておいしかった野菜を繰り返し購入することが多い」「野菜の産地を確認して購入する」「無農薬や有機など特別に栽培された野菜を購入する」と関連が強く，よりよい野菜を探求しようとする因子である。第2因子は，「メニューを何にしようか迷った時にアクセスする」「栄養バランスに配慮したメニューにするためにアクセスする」「塩分・糖分・油脂分やカロリーを控えめにしたメニューにするためにアクセスする」と関連が強く，よりよいメニューづくりに関する因子である。第3因子は，「買い物に出たくない時にアクセスする」「買い物に出かける余裕がない時にアクセスする」「ネットスーパーを利用している」と関連が強く，買い物行動の負荷軽減に関する因子である。第4因子は，「ネットで購入する野菜のほうが安全である」「ネットで購入する野菜のほうが鮮度がよい」「食材宅配サイトを利用している」と関連が強く，食材宅配業者への信頼因子である。第5因子は，「煮物，揚げ物など調理用野菜を購入することが多い」「毎回ほぼ同じ種類の野菜を購入する」「重い，あるいはかさばる野菜を購入しがちである」と関連が強く，特定野菜の継続的購入に関する因子である。ネットスーパーへアクセスすることは第3因子，食材宅配サイトへアクセスすることは第4因子と関連していることから，これら2つのサイトの利用に関する意識因子は異なると考えられる。

32　第Ⅰ部　ネット購買の普及

表2-3　因子分析結果

	よりよい野菜の探索	メニュー対応	買い物行動の負荷軽減	食材宅配業者への信頼	特定野菜の継続的購入	共通性
一度購入し食べてみておいしかった野菜を繰り返し購入することが多い	**0.83**	0.05	0.06	0.23	0.24	0.80
野菜の産地を確認して購入する	**0.79**	-0.03	0.14	0.17	0.16	0.70
無農薬や有機など特別に栽培された野菜を購入する	**0.57**	0.13	0.04	0.24	0.39	0.55
八百屋さんやスーパーなどお店で売られていない野菜を購入する	**0.46**	**0.40**	0.07	0.03	0.02	0.38
ネット上で事業者が推奨している野菜を購入することが多い	**0.45**	0.32	0.01	0.25	0.26	0.43
サラダなど生食用野菜を購入することが多い	**0.44**	0.20	0.11	0.00	**0.43**	0.43
メニューを何にしようか迷った時にアクセスする	0.08	**0.83**	0.29	0.06	0.18	0.81
栄養バランスに配慮したメニューにするためにアクセスする	0.08	**0.77**	0.24	0.27	0.25	0.79
塩分・糖分・油脂分やカロリーを控えめにしたメニューにするためにアクセスする	0.11	**0.73**	0.30	0.35	0.15	0.78
天気や体の調子によって外へ買い物に出たくない時にアクセスする	0.10	0.20	**0.85**	-0.04	0.15	0.80
買い物に出かける余裕がない時にアクセスする	0.15	0.22	**0.80**	-0.01	0.05	0.71
ネットスーパーを利用している	0.04	0.18	**0.56**	-0.21	0.13	0.41
ネットで購入する野菜のほうが，安全である	0.23	0.11	-0.13	**0.77**	0.07	0.67
ネットで購入する野菜のほうが，鮮度がよい	0.15	0.19	-0.06	**0.64**	0.01	0.47
食材宅配サイトを利用している	0.08	0.00	-0.36	**0.55**	0.14	0.46
決まった曜日，決まった時間など習慣的にアクセスする	0.11	0.18	0.09	**0.51**	**0.43**	0.50
煮物，揚げ物など調理用野菜を購入することが多い	0.17	0.22	0.05	0.07	**0.62**	0.47
毎回ほぼ同じ種類の野菜を購入する	0.38	0.07	0.13	0.18	**0.56**	0.52
重い，あるいはかさばる野菜を購入しがちである	**0.40**	0.08	0.26	0.09	**0.48**	0.47
ネットで購入する野菜のほうが，価格が安い	0.14	0.20	0.23	0.31	0.11	0.22
因子負荷量の平方和	2.73	2.44	2.24	2.15	1.81	
寄与率	13.66	12.19	11.20	10.74	9.03	
累積寄与率	13.66	25.85	37.05	47.79	56.82	

注：1）因子抽出法は主因子法。バリマックス回転後。
　　2）因子行列において，0.4以上の値は太字・下線とした。

5つの因子ごとに，因子得点係数行列を用いてネット利用者（134名）の因子得点を算出し，K-means法による非階層的クラスター分析を実施した。ここで，2次元平面に表現する可能性を探るため，クラスター数を4つに設定した。クラスター1（37名該当）は，よりよい野菜に対する探求意識，及び買い物に対する負荷軽減意識が強く積極型と名づけた。クラスター2（23名該当）は，クラスター1と比べて各因子の因子得点が大きく，前記野菜探求意識や負荷軽減意識，またネット経由の特定野菜の継続的購入に関する意識も弱いことから保守型と名づけた。クラスター3（33名該当）は，買い物に対する負荷軽減意識が強い一方で，メニュー対応に対する意識が弱く負荷軽減重視型と名づけた。クラスター4（41名該当）は，よりよい野菜に対する探求意識が強く，買い物に対する負荷軽減意識が弱いことから利用野菜の充実重視型と名づけた。「よりよい野菜の探求」「メニュー対応」「買い物行動の負荷軽減」因子では，クラスター中心の値が小さい，あるいは大きいクラスターが存在していたことから，これら3つの因子はクラスターを特徴づけるものであると判断された。「よりよい野菜の探索」と「メニュー対応」は，大くくりすると「食生活の充実追及」とみなすことができる。それぞれのクラスターの特徴は次のとおりである。クラスター1は，食生活の充実追及におけるよりよい野菜の探求意識も買い物行動の負荷軽減意識も高い。クラスター2はクラスター1と比べて，よりよい野菜の探求，及び買い物行動の負荷軽減意識とも低い。クラスター3は，食生活の充実追及におけるメニュー対応意識が低く，買い物行動の負荷軽減意識は高い。クラスター4は，食生活の充実追及におけるよりよい野菜の探求意識が高く，買い物行動の負荷軽減意識は低い。したがって，買い物行動の負荷軽減意識を横軸，食生活の充実追及意識を縦軸とすると，クラスター1は第1象限，クラスター2は第3象限，クラスター3は第4象限，クラスター4は第2象限に位置づけられる（**図2-4**）。

　4つのネット利用者類型別に世帯属性を見た。カイ2乗検定を行った結果，5つの世帯属性ともクラスター別に有意な差が観察されなかった。ただし，

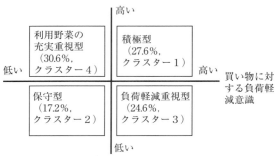

図2-4 ネット利用者の類型

個別の構成割合をみると，クラスター3では50歳代の割合が高く，クラスター4では子供なし世帯の割合が低くなっていた。

次にネットスーパーと食材宅配サイト別にネット利用者の全体特性を探る。アンケート4（対象は，首都圏1都3県に住む2人以上世帯の女性。内訳は巻末参照）によるデータを用いて解説する（**表2-4**）[6]。まず，近年1年間における野菜のネット購入1回あたりの品目数を見ると，ネットスーパーでは「4種類以下」が37.0％，食材宅配サイトでも同30.7％と最も多かった。ただし，「5～7種類」については，ネットスーパー17.3％，食材宅配サイト26.8％となっており，食材宅配サイト利用者のほうが購入している野菜の品目数が多い可能性がある。近年1年間における野菜のネット購入1回あたりの購入金額[7]を見ると，ネットスーパーでは「800円以上1,600円未満」が26.8％，食材宅配サイトでも同27.6％でほぼ同じ程度であった。「1,600円以上2,500円未満」については，ネットスーパー11.8％，食材宅配サイト18.1％であることから，食材宅配サイト利用者のほうが，1回あたり購入金額が大きい可能性がある。

近年1年間における野菜購入量全体に占めるネット経由購入量の割合を見ると，「5割程度以上」20.5％,「3～4割程度」26.0％,「1～2割程度」40.2％「ほとんどない」13.4％であった。1～2割程度との回答者割合が最も多いことから，野菜のネット経由購入割合を高める余地はあると考えられる。

第2章　野菜のネット購買の全体的な動向　　*35*

表2-4　ネット購買における利用実態

項　目		ネットスーパー	食材宅配サイト
1回あたり購入する 野菜の種類数	11種類以上	3.1%	7.1%
	8〜10種類	7.9%	7.9%
	5〜7種類	17.3%	26.8%
	4種類以下	37.0%	30.7%
	野菜を購入したことはない	34.6%	27.6%
1回あたり購入金額	2,500円以上	7.9%	10.2%
	1,600円以上〜2,500円未満	11.8%	18.1%
	800円以上〜1,600円未満	26.8%	27.6%
	800円未満	18.9%	16.5%
	野菜を購入したことはない	34.6%	27.6%
ネット利用経験年数	3年以上	27.6%	41.7%
	2年〜3年未満	15.7%	6.3%
	1年〜2年未満	15.7%	18.9%
	1年未満	6.3%	5.5%
	野菜を購入したことはない	34.6%	27.6%

2）利用曜日と時間，経験年数

　インターネットはどのような曜日，時間帯でアクセスされているのだろうか。アンケート6（対象は，首都圏1都3県に住む2人以上世帯の女性。内訳は巻末参照）によるデータを用いて解説する。インターネット利用者を対象として，野菜のインターネット購入のためにインターネットへアクセスしている曜日と時間帯を見る。曜日では，特に決まっていないとの回答者が，56.0％で過半数を超えて最も多く，曜日別に見ると日曜日にボトム，水曜日にピークとなっている（**図2-5**）。時間帯では，特に決まっていないとの回答者が，39.0％で最も多く，20時〜24時が同33.0％，8時〜12時が同16.3％となっている（**図2-6**）。インターネットはいつでも利用できることが特徴であるので，このような回答割合になったと考えられるが，時間帯については夕食が終わりひと段落して落ち着いた後にインターネットへアクセスしている状況も比較的多いことがうかがわれた。

　野菜のネット購入の経験年数を，アンケート4（対象は，首都圏1都3県に住む2人以上世帯の女性。内訳は巻末参照）によるデータを用いて解説する。ネットスーパーでは「3年以上」が27.6％，食材宅配サイトでは同41.7％であった。食材宅配サイトのほうが普及時期が早かった可能性がある。

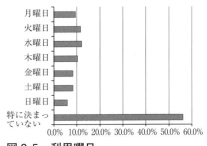
図 2-5　利用曜日

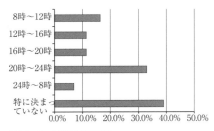
図 2-6　利用時間帯

2．野菜の品目別ネット購買

（1）品目別登場割合

　野菜の品目に着目してインターネットチャネル経由での購入実態を見る。アンケート4（対象は，首都圏1都3県に住む2人以上世帯の女性。内訳は巻末参照）によるデータを用いて解説する[8]。家庭の夕食メニューの食材として用いられる頻度の大きい野菜10品目[9]を対象として，近年1年間においてネット経由で購入した際の登場割合（たとえば，野菜をネット経由で10回購入し，そのうちある品目が4回含まれていた場合，当該品目の登場割合は4割となる）を5ランクで尋ねた[10]。高い登場割合を示す品目ほど高頻度でネット購入されていることとなる。ただし，家庭における各野菜の総購入量の違いによる影響は考慮していない。野菜品目ごとに登場割合の分布を見ると，「7割程度以上の割合で含まれている」の回答者割合は，たまねぎ，じゃがいもで10.2％と最も大きく，次にキャベツ，トマトで8.7％であった。「5〜6割程度の割合で含まれている」の回答者割合は，たまねぎで16.5％，にんじんで15.7％，レタス，トマト13.4％と続く。自宅での夕食メニューで食材として最も頻繁に登場しているたまねぎは，ネット購入の割合も高いことが観察された。

（2）登場割合に基づく因子分析

　ネット利用者を対象として，野菜品目別のネット経由購入での登場割合の回答データを用いて因子分析を行った。初期の固有値が1.0以上となる因子数が２つであったことから，２つの因子を抽出した（**表2-5**）。消費者は，メニューの食材を意識して野菜を購入していると仮定すると，第１因子は，「レタス」「トマト」「キャベツ」と関連が強く，生食のサラダ系メニューに用いられることが多い品目の購入に関する意識，第２因子は，「たまねぎ」「じゃがいも」「にんじん」と関連が強く，カレーや肉じゃが等煮物系メニューに用いられることが多い品目の購入に関する意識と考えられる。野菜購入におけるインターネットチャネル選択要因として，販売されている野菜の多様性因子とインターネットの立地の利便性因子，時間等の節約性因子の３つが抽出されている（本章３．（３）を参照のこと）。これと照らし合わせると，「たまねぎ」「じゃがいも」「にんじん」については，いずれも比較的重くストック可能な野菜であることから，立地の利便性因子を反映して購入されていると考えることが妥当である。したがって，先に名づけた煮物系メニュー意識は，野菜の物理的特性を加味して重量系ストック意識という名称に変更することとした。消費者は，ネット経由で野菜を購入するとき，サラダ系メニュ

表2-5　因子分析結果

	サラダ系メニュー意識	重量系ストック意識	共通性
レタス	**0.711**	0.202	0.546
トマト	**0.695**	0.240	0.540
キャベツ	**0.692**	0.266	0.550
だいこん	**0.678**	0.373	0.599
きゅうり	**0.634**	0.384	0.550
ねぎ	**0.566**	0.384	0.468
ピーマン	**0.545**	**0.463**	0.511
たまねぎ	0.247	**0.936**	0.936
じゃがいも	0.335	**0.739**	0.659
にんじん	0.493	**0.608**	0.613
因子負荷量の平方和	3.363	2.609	
寄与率	33.631	26.095	
累積寄与率	33.631	59.726	

注：因子抽出法は主因子法。バリマックス回転を行った。

38　第Ⅰ部　ネット購買の普及

表2-6　クラスター分析結果

区　　分		クラスター1 (サラダ系調達 型, n=39)	クラスター2 (バランス型, n =63)	クラスター3 (重量系ストック 調達型, n=25)
因子得点の 平均	サラダ系メニュー意識	<u>−0.77</u>	<u>0.55</u>	<u>0.72</u>
	煮物系メニュー意識	0.09	0.47	<u>−1.34</u>
居住地	東京都	22（56.4%）	27（42.9%）	11（44.0%）
	埼玉県	6（15.4%）	11（17.5%）	5（20.0%）
	千葉県	3（7.7%）	9（14.3%）	1（4.0%）
	神奈川県	8（20.5%）	16（25.4%）	8（32.0%）
年齢	20歳代	2（5.1%）	6（9.5%）	1（4.0%）
	30歳代	10（25.6%）	13（20.6%）	4（16.0%）
	40歳代	8（20.5%）	17（27.0%）	6（24.0%）
	50歳代	14（35.9%）	19（30.2%）	10（40.0%）
	60歳代	4（10.3%）	8（12.7%）	3（12.0%）
	70歳〜	1（2.6%）	0（0%）	1（4.0%）
世帯人数	2人	16（41.0%）	11（17.5%）	6（24.0%）
	3人	16（41.0%）	24（38.1%）	8（32.0%）
	4人	6（15.4%）	23（36.5%）	8（32.0%）
	5人	1（2.6%）	5（7.9%）	3（12.0%）
就業形態	専業主婦	19（48.7%）	40（63.5%）	15（60.0%）
	パート／アルバイト	7（17.9%）	16（25.4%）	8（32.0%）
	フルタイム	11（28.2%）	6（9.5%）	2（8.0%）
	自営業等その他	2（5.1%）	1（1.6%）	0（0%）
ライフステー ジ長子	子供なし	12（30.8%）	9（14.3%）	3（12.0%）
	乳児, 幼児	2（5.1%）	9（14.3%）	0（0%）
	小学生	4（10.3%）	9（14.3%）	4（16.0%）
	中学生, 高校生	5（12.8%）	11（17.5%）	4（16.0%）
	大学生以上	2（5.1%）	10（15.9%）	5（20.0%）
	社会人・その他	14（35.9%）	15（23.8%）	9（36.0%）

注：因子得点の平均値では，絶対値が0.5以上に下線を引いた。平均値の小さいほうが，メリット
　　意識が高いことを示す。

ーと重量系ストックという2つの意識を有していることがうかがわれた。

　2つの因子について因子得点係数行列を用いてネット利用者（127名）ご
とに因子得点を算出し，階層的クラスター分析を実施した。ここで，デンド
ログラムに基づいてクラスターを3つに分類した。結果を**表2-6**に示す。

　因子得点の平均を見ると，クラスター1（39名該当，全体の30.7%）は，
他クラスターと比べてサラダ系メニュー意識が高いことからサラダ系調達型
といえる。クラスター2（同63名，49.6%）は，サラダ系メニュー意識と重
量系ストック意識のバランスがとれていることからバランス型といえる。ク
ラスター3（同25名，19.7%）は，重量系ストック意識が高いことから重量

系ストック調達型といえる。ネット購入における野菜の品目ごとの登場割合に基づいた特徴から消費者の構成割合を見ると，おおむね「バランス型」5割，「サラダ系調達型」3割，「重量系ストック調達型」2割であった。クラスター2（バランス型）の構成割合が最も高くなっていた。

（3）類型化されたクラスターの特徴

　3つのクラスターの特徴を世帯属性，ネットへのアクセス頻度，ネット購入1回あたりの野菜の品目数と購入金額，ネット利用の経験年数，お店等での購入を含む購入野菜全体に占めるネット経由で購入している野菜の割合から観察する。世帯属性のクロス表は**表2-6**に示す。

　コクランの規則を満たしているのは，ネットでの購入割合であった。そこでカイ2乗検定を行ったところ1％水準で有意となった。3つのクラスターを比べると，サラダ系調達型と重量系ストック調達型のほうがバランス型よりもネットでの購入割合が高い傾向が見られた。この背景を探るため，サラダ系調達型と重量系ストック調達型を対象として，世帯属性とネット利用実態について，フィッシャーの直接検定を行うこととした。ここで，世帯属性とネット利用実態については，おおまかな傾向を探るため2分類に集約することとした。居住地については東京都とそれ以外，年齢については40歳代以下と50歳代以上，世帯人数については3人以下と4人以上，就業形態については専業主婦とそれ以外，ライフステージ長子については子供なし世帯と子供あり世帯に集約した。フィッシャーの直接検定の結果，世帯人数で5％有意であった。サラダ系調達型のほうが重量系ストック調達型よりも世帯人数が少ない傾向が見られた。重量系ストック調達型について見ると，同型は世帯人数が相対的に多いことから，野菜消費量も多く，購入場面で重量系ストック意識を強く持たざるをえなくなっていることを反映しているのではないかと考えられる。次にネット利用実態において，サイト利用頻度については月に2〜3回程度以上と月に1回程度以下，品目数については5種類以上と4種類以下，購入金額については800円以上と800円未満，経験年数について

40 第Ⅰ部 ネット購買の普及

は1年以上と1年未満に集約した。フィッシャーの直接検定の結果，食材宅配サイトの利用頻度と品目数で10％有意，食材宅配サイトの購入金額で5％有意であった。サラダ系調達型のほうが重量系ストック調達型よりも食材宅配サイトの利用頻度が高く，また購入品目数が多く，購入金額も高い傾向が見られた。

3．ネット購買に関する消費者意識

（1）ネット購買の利用満足度

　成熟化市場において，消費者の満足度を高めることは，マーケティングの観点から重要な課題である。インターネットチャネル利用者は，その利用に関してどの程度満足しているのであろうか。アンケート1（対象は，首都圏1都3県に住む2人以上世帯の女性。内訳は巻末参照）によるデータを用いて解説する。食品購入のためのインターネット利用についての満足度を尋ねた。「ある食品を購入するためにインターネットにアクセスすることに関して，全体的に満足していますか」について，「そう思う」から「そう思わない」まで5段階で回答してもらった。その分布は図2-7のとおりである。「そう思う」と「ややそう思う」の肯定的な意見が約6割を占めた。したがって，今後食品購入のためのインターネット利用は拡大していく可能性が高いと考えられる。

　次に，インターネットの利用回数が多いほど満足度は高いとの仮説のもとで，この関連を見たのが，図2-8である。ここで，利用回数は，情報収集のためのアクセス回数と食品種類別の食品購入のためのアクセス回数を合計したものである[11]。満足度が高まるにつれて，アクセス回数も増えている傾向が見られたが，とくに満足度について肯定意見を持っている消費者とそうでない消費者では，アクセス回数に大きな差があった。このことから，今後アクセス回数を増やしていくためには，肯定的な満足度を高めていくことが重要である。

第2章　野菜のネット購買の全体的な動向　41

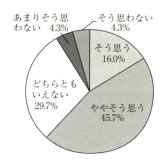

図2-7　インターネット利用の満足度

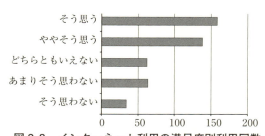

図2-8　インターネット利用の満足度別利用回数
注：横軸は，年あたりアクセス回数の平均を表す。

　さらに，品目別にインターネットへアクセスして購入にいたる割合（アクセスした回数のうちで購入にいたった回数の割合）と満足度との関係があるかどうかを探る（図2-9〜図2-11）。全体的に満足度の高いほうが購入割合も高い傾向がみられた。ただし，魚介類やお酒の購入については，満足度がやや高い層とあまり高くない層でやや似通った傾向が見られた（図2-10）。これらの品目では，ためしに購入してみた場合において，満足した商品を購入した消費者とあまり満足できなかった商品を購入した消費者が存在したことによるのではないかと推測される。

　満足度と食費節約効果，食生活充実効果の関係を見る（図2-12，図2-13）。満足度が上がると効果度も高くなる傾向が見られた。とくに食生活充実効果においては，満足度の肯定意見と中間・否定意見で効果の認識に大きな差が見られ，インターネット利用の満足度を向上させるためには，食生活の充実に結びつくことを念頭におくことが有効である。

　消費者のタイプ別（タイプ分類については，第1章2．を参照のこと）に満足度を見る。高利用調達ニーズ型の満足度に対する肯定意見は88.0％，日常食材高利用ニーズ型は同82.7％，特別食材高利用ニーズ型の肯定意見は74.2％となっており，全体的に満足度は高い（図2-14）。低利用ニーズ型以外のいずれのタイプのモニターも，その満足度はおおむね高く，明確な差は見られなかったことから，現状のインターネット利用環境はこのような異な

42　第Ⅰ部　ネット購買の普及

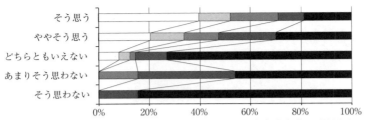

図2-9　インターネット利用の満足度別購入割合（コメや野菜・果物（加工品も含む））

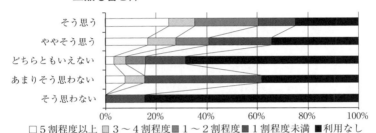

図2-10　インターネット利用の満足度別購入割合（魚介類（加工品も含む）やお酒（日本酒，ワイン，焼酎など））

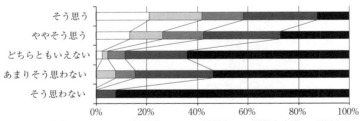

図2-11　インターネット利用の満足度別購入割合（スイーツ）

るニーズを有する消費者に的確に応えるものとなっていることがうかがわれた。

（2）ネットチャネルの選択要因

　インターネット利用者は，どのような理由でインターネットチャネルを利

第2章　野菜のネット購買の全体的な動向　43

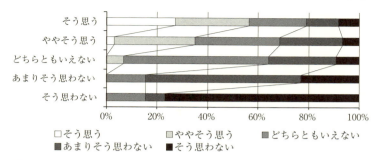

図2-12　インターネット利用の満足度別効果度（食費節約効果）

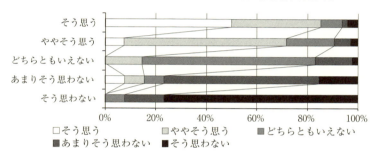

図2-13　インターネット利用の満足度別効果度（食生活充実効果）

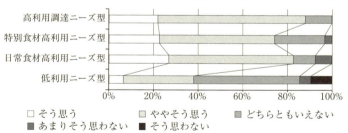

図2-14　消費者のタイプ別満足度

用しているのであろうか。アンケート3（対象は，首都圏1都3県に住む2人以上世帯の女性。内訳は巻末参照）によるデータを用いて解説する[12]。チャネル選択要因として，ロットサイズ，待ち時間，立地の利便性，多様性，サービス支援を取り上げた[13]。選択要因の内容は，野菜購入におけるインターネット利用の特性を勘案して設定した。具体的には，ロットサイズが小さ

いほど便利であることに関して，質問文「ネット上で販売されている野菜は，少量単位で購入できる」として尋ねた。注文してから配達までの待ち時間が短いほうを好むことに関して，質問文「ネット注文した後，手元に届くまでの時間が短い」として尋ねた。小売店舗が分散していると顧客の移動と探索コストが軽減されることに関して，質問文「ネットは，365日24時間いつでも利用できる」「ネットは自宅で利用できるので，買い物のための移動時間がかからない」「ネットでは，欲しい野菜を短時間で選ぶことができる」として尋ねた。品揃えが充実しているほどニーズにマッチした製品を見出す可能性は高まることに関して，質問文「ネットでは，多くの種類の野菜を探索できる」「ネットでは，いろいろな産地の野菜を探索できる」「ネットでは，鮮度や安全性の高い野菜を探索できる」「ネットでは，多くのお店を比較できる」として尋ねた。クレジット，配達，修理などサービス支援が充実していることに関して，質問文「ネット購入では，料金支払いが簡単である」「ネットで注文した後，家まで配達してくれる」「ポイントが貯まる」「売れ行きランキングやレシピ情報，生産情報など幅広い情報を入手できる」として尋ねた。Webアンケートでは，上述のネット販売が有する特性に関する意識を把握するため，チャネル選択要因の項目ごとにメリットと感じる度合いを尋ねた。具体的には，「メリットである」「ややメリットである」「どちらともいえない」「あまりメリットではない」「メリットではない」の5段階で選択してもらった。

　アンケート回答者の中からネットスーパーや食材宅配サイト[14]へのアクセス頻度に関する回答に基づいて，野菜購入におけるネット利用者[15]を抽出したところ，125名の回答者が該当した。ネット経由で野菜を購入していない回答者は，ネットチャネル選択要因に関する質問に対し仮にという想定のもとで回答せざるをえないことから，以下の分析では125名のネット利用者を対象とした。

　回答データに基づき，ネット利用者がメリットと感じる度合いを比較するため，チャネル選択要因の項目毎に数値化した。具体的には，「メリットで

ある」1点,「ややメリットである」2点,「どちらともいえない」3点,「あまりメリットではない」4点,「メリットではない」5点として数値化した。したがって,数値の小さいほうが,メリットと認識する度合が高くなることに留意が必要である。ネット利用者の平均点によって,メリットと感じる度合いの高い順に並べると,「ネットで注文した後,家まで配達してくれる」(平均点1.40),「ネットは自宅で利用できるので,買い物のための移動時間がかからない」(同1.42),「ネットは,365日24時間いつでも利用できる」(同1.44)であった。全体的傾向として,野菜をネット経由で購入することによって,日常的に行っている野菜の買い物行動に縛られず時間の融通がきくことに対してメリットを感じていることがうかがわれた。

(3)チャネル選択要因に関する因子

　ネット利用者を対象として,チャネル選択要因に関する回答データを用いて因子分析を行った。初期の固有値が1.0以上となる因子数が3つであったことから,3つの因子を抽出した(**表2-7**)。第1因子は,「ネットではいろいろな産地の野菜を探索できる」「ネットでは鮮度や安全性の高い野菜を探索できる」「ネットでは多くの種類の野菜を探索できる」と関連が強く,幅広い選択肢の中からよりよい野菜を選択できることに関する意識である。第2因子は,「ネットは自宅で利用できるので買い物のための移動時間がかからない」「ネットは365日24時間いつでも利用できる」「ネットで注文した後家まで配達してくれる」と関連が強く,いつでも自宅で野菜を購入できることに関する意識である。第3因子は,「ネット注文した後,手元に届くまでの時間が短い」「ネットでは欲しい野菜を短時間で選ぶことができる」「ネット上で販売されている野菜は少量単位で購入できる」と関連が強く,野菜購入における時間や購入量を節約できることに関する意識である。5分類のチャネル選択要因にあてはめてみると,第1因子は多様性要因,第2因子は立地の利便性要因に対応する意識であるが,第3因子は節約性意識であり,複数の要因にまたがった意識である。野菜購入におけるインターネットチャネ

46   第Ⅰ部　ネット購買の普及

表2-7　因子分析結果

	多様性	立地の利便性	節約性	共通性
ネットでは，いろいろな産地の野菜を探索できる	**0.901**	0.207	0.033	0.857
ネットでは，鮮度や安全性の高い野菜を探索できる	**0.721**	0.080	0.223	0.575
ネットでは，多くの種類の野菜を探索できる	**0.713**	0.125	0.232	0.578
売れ行きランキングやレシピ情報，生産情報など幅広い情報を入手できる	**0.645**	0.133	0.281	0.512
ポイントが貯まる	**0.413**	0.247	0.251	0.295
ネットは自宅で利用できるので，買い物のための移動時間がかからない	0.109	**0.896**	0.136	0.832
ネットは，365日24時間いつでも利用できる	0.157	**0.725**	0.131	0.567
ネットで注文した後，家まで配達してくれる	0.149	**0.690**	0.122	0.513
ネット注文した後，手元に届くまでの時間が短い	0.017	0.106	**0.696**	0.496
ネットでは，欲しい野菜を短時間で選ぶことができる	0.333	0.168	**0.635**	0.542
ネット上で販売されている野菜は，少量単位で購入できる	0.346	0.066	**0.509**	0.383
ネットでは，多くのお店を比較できる	**0.487**	0.126	0.489	0.493
ネット購入では，料金支払いが簡単である	0.346	0.289	**0.463**	0.418
因子負荷量の平方和	3.072	2.089	1.898	
寄与率	23.634	16.069	14.602	
累積寄与率	23.634	39.703	54.305	

注：因子抽出法は主因子法。バリマックス回転を行った。

ル選択意識を特定することができた。

　3つの因子ごとに，因子得点係数行列を用いてネット利用者（125名）の因子得点を算出し，階層的クラスター分析を実施した。アルゴリズムはウォード法，距離はユークリッド平方距離を用いた。デンドログラムにおいてクラスター数が3つになるようグループ化した。結果を**表2-8**に示す。

　クラスター1（28名該当，全体の22.4%）の特徴として，他クラスターと比べて，多様性，立地の利便性，節約性意識が高いことがあげられる（多面評価型）。クラスター2（同50名，40.0%）の特徴として，他クラスターと比べて，多様性意識は低いが，立地の利便性意識は高いことがあげられる（利便性重視多様性低関心型）。クラスター3（同47名，37.6%）の特徴として，他クラスターと比べて，立地の利便性意識が低いことがあげられる（利便性低関心型）。

　3つのクラスターの特徴を世帯属性，食ライフスタイル[16]，生鮮食品の買い物頻度，野菜購入のためのネットへのアクセス頻度から観察することとし

第2章　野菜のネット購買の全体的な動向　　*47*

表2-8　クラスター分析結果

区　　分		クラスター1 （多面評価型， n=28)	クラスター2 （利便性重視多 様性低関心型，n =50)	クラスター3 （利便性低関心 型，n=47）
因子得点の 平均値	多様性	<u>-0.997</u>	<u>0.597</u>	-0.041
	立地の利便性	<u>-0.515</u>	<u>-0.662</u>	<u>1.011</u>
	節約性	<u>-0.685</u>	0.253	0.139
居住地	東京都	17（60.7%)	18（36.0%)	23（48.9%)
	埼玉県	2（7.1%)	10（20.0%)	7（14.9%)
	千葉県	2（7.1%)	6（12.0%)	4（8.5%)
	神奈川県	7（25.0%)	16（32.0%)	13（27.7%)
年齢*	20歳代	3（10.7%)	0（0%)	5（10.6%)
	30歳代	8（28.6%)	16（32.0%)	8（17.0%)
	40歳代	6（21.4%)	19（38.0%)	12（25.5%)
	50歳代	8（28.6%)	13（26.0%)	16（34.0%)
	60歳代	2（7.1%)	2（4.0%)	4（8.5%)
	70歳～	1（3.6%)	0（0%)	2（4.3%)
世帯人数	2人	6（21.4%)	9（18.0%)	14（29.8%)
	3人	10（35.7%)	22（44.0%)	15（31.9%)
	4人	9（32.1%)	16（32.0%)	16（34.0%)
	5人	2（7.1%)	3（6.0%)	2（4.3%)
	6人以上	1（3.6%)	0（0%)	0（0%)
就業形態	専業主婦	17（60.7%)	34（68.0%)	25（53.2%)
	パート／アルバイト	6（21.4%)	12（24.0%)	16（34.0%)
	フルタイム	4（14.3%)	3（6.0%)	6（12.8%)
	自営業等その他	1（3.6%)	1（2.0%)	0（0%)
ライフステージ 長子	子供なし	3（10.7%)	9（18.0%)	9（19.1%)
	乳児，幼児	5（17.9%)	9（18.0%)	6（12.8%)
	小学生	4（14.3%)	8（16.0%)	2（4.3%)
	中学生，高校生	5（17.9%)	6（12.0%)	9（19.1%)
	大学生以上	3（10.7%)	9（18.0%)	9（19.1%)
	社会人・その他	8（28.6%)	9（18.0%)	14（29.8%)

注：1）因子得点の平均値では，絶対値が0.5以上に下線を引いた。平均値の小さいほうが，
　　メリット意識が高いことを示す。
　2）*はカイ2乗検定において10%水準で有意であることを示す。

た。世帯属性については**表2-8**に分析結果を示す。

　まず，世帯属性の項目では，年齢において，カイ2乗検定による10%有意な差が観察された。構成割合をみると，クラスター2（利便性重視多様性低関心型）では30歳代，40歳代の構成割合が高く，クラスター3（利便性低関心型）では50歳代の構成割合が高い傾向がみられた。また，食ライフスタイルの4つの項目については，「健康や食品の安全性，環境問題に関心がある」において，10%有意となった。とくにクラスター1（多面評価型）は，その

48   第Ⅰ部　ネット購買の普及

あてはまり度合が大きかった。生鮮食品の購入のためのスーパーやコンビニ等への買い物頻度については，クラスター間で5％有意となった。とくに，クラスター2（利便性重視多様性低関心型）では「週に1～2日行っている」の割合が高く，クラスター3（利便性低関心型）では「週に3～4日行っている」の割合が高い。「ほぼ毎日行っている」の回答割合は，クラスター1（多面評価型）で相対的に高い。ネットスーパーと食材宅配サイトへの野菜購入のためのアクセス頻度については，クラスター間で有意な差が観察されなかった。

　以上より，クラスター1（多面評価型）は，生鮮食品の買い物頻度が高く，健康や食の安全性，環境問題に関心が高いことから，ネットを利用してさまざまな情報を収集していると推測される。クラスター2（利便性重視多様性低関心型）は，30歳代，40歳代中心で，リアル店舗での買い物頻度が相対的に少ないことから，ネット経由購入をリアル店舗購入の代替機能として位置づけていると推測される。クラスター3（利便性低関心型）は，50歳代中心で，リアル店舗での買い物頻度が利便性重視多様性低関心型よりも多いことから，ネット経由購入をリアル店舗購入の代替機能として位置づける必要性が小さくなっていると推測される。

4．ネット購買開始前後の変化

（1）意識の変化

　インターネットチャネルを利用することは，消費者の野菜消費においてどのような影響をもたらしているのであろうか。アンケート6（対象は，首都圏1都3県に住む2人以上世帯の女性。内訳は巻末参照）によるデータを用いて解説する[17]。野菜の消費活動を，購入活動面，調理・喫食活動面，廃棄活動面に分けて，インターネット購買を用いたことによる影響の認識度合を観察した。また，図2-4で示したように，ネット利用者は，負荷軽減意識と食生活の充実追及意識という2つの軸を持っていることから，これら2つの

第2章 野菜のネット購買の全体的な動向　49

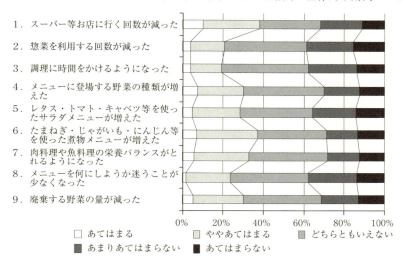

図2-15　インターネット購買開始の前後における変化の認識度合

意識を踏まえて影響項目を具体化した。図2-15において，購入活動面における負荷軽減意識として項目1，2，8，食生活の充実追及意識として項目4，調理・喫食活動面における前者意識として項目3，後者意識として項目5，6，7，廃棄活動面における前者意識として項目9をとりあげた。ここで，項目5，6，7については，本章2．（2）で述べたとおり，品目別に見たネット経由での野菜購入特性から，ネット利用者は，レタス，トマト，キャベツ系調達型，たまねぎ，じゃがいも，にんじん系調達型，バランス型に分類されることに基づいた。アンケートでは，9つの影響項目別に，その認識のあてはまり度合を尋ねた。回答にあたっては，「あてはまる」から「あてはまらない」までの5段階で選択してもらった。

「あてはまる」「ややあてはまる」を肯定認識層，「あまりあてはまらない」「あてはまらない」を否定認識層として，定性的に全体傾向を見た。肯定認識層の割合が高いということは，多くのネット利用者が実感として効果を認識していることに結びつく。肯定認識層の割合が高いのは，「スーパー等お店に行く回数が減った」38.0％，「たまねぎ・じゃがいも・にんじん等を使

50 第Ⅰ部 ネット購買の普及

った煮物メニューが増えた」37.3％,「肉料理や魚料理の栄養バランスがとれるようになった」32.7％である。また,肯定認識層の割合が高く,否定認識層の割合が低い項目は,全体として大きい影響があったと認識されているとみなせる。そこで,「肯定認識層－否定認識層」の割合を見る。当該割合のポイントが高いのは「たまねぎ・じゃがいも・にんじん等を使った煮物メニューが増えた」8.7％,「スーパー等お店に行く回数が減った」6.3％,「肉料理や魚料理の栄養バランスがとれるようになった」4.3％である。

　上記2つの指標による影響項目のあてはまり度合を見ると,購入活動面ではリアルなお店に行く回数,調理活動面では煮物メニューの登場回数や栄養バランスをとることで影響が認識されていることが浮かび上がった。

（2）影響項目の特徴

　まず,サイトの利用度合と影響認識度合との関連を探ることとした。もし,たとえば年1回利用している消費者と週1回利用している消費者で,影響認識度合に違いがないとすれば,サイトへのアクセス数が増大しても影響が拡大するとは考えにくい。よく利用する消費者（サイトへのアクセス,またはサイト経由での購入頻度）ほど,メリットは大きいと感じている項目は何であろうか。サイトへのアクセス頻度別にみると,カイ2乗検定で「スーパー等お店に行く回数が減った」1％有意,「肉料理や魚料理の栄養バランスがとれるようになった」5％有意であった。これら分析では,コクランの規則を満たさなかった。そこでフィッシャーの直接検定を行った。アクセス頻度は「週1回程度」「月に2～3回程度」,影響度合は「あてはまる＋ややあてはまる」「どちらともいえない＋あまりあてはまらない＋あてはまらない」とした。前記2つの項目について1％有意であった。アクセス頻度の高いほうが,スーパー等での買い物頻度,栄養バランスへの影響度合が高い傾向が見られた。インターネットに頻繁にアクセスすればするほど,スーパーに行く回数は減っていくが,野菜を摂取する場面が減っているわけではないようである。すなわち,野菜をインターネット購入しようとサイトへアクセスす

ればするほど，野菜を取り入れた肉・魚料理の登場場面は増えている。また，購入頻度別に見ると，カイ2乗検定で「スーパー等お店に行く回数が減った」で5％有意であった。この検定はコクランの規則を満たさなかったので，フィッシャーの直接検定を行った。購入頻度は「週1回程度」「月に2～3回程度」，影響度合は「あてはまる＋ややあてはまる」「どちらともいえない＋あまりあてはまらない＋あてはらない」とした。結果は10％有意であった。購入頻度の高いほう，すなわち頻繁にネット購入する消費者のほうが，「スーパー等お店に行く回数が減った」と認識していることがうかがわれた。

　以下では，サイトアクセス頻度との関連が認められた「スーパー等お店に行く回数が減った」と「肉料理や魚料理の栄養バランスがとれるようになった」を対象として，その特性を探る。

　まず，世帯属性との関連を見る。「スーパー等お店に行く回数が減った」及び「肉料理や魚料理の栄養バランスがとれるようになった」について，いずれもカイ2乗検定で，世帯属性間の有意な差が認められなかった。

　次に，サイトの4分類との関連を見る。アンケートでは，最も頻繁に利用しているネットスーパーや食材宅配サイト等の名称を記入してもらった。記入されたサイト名称に基づき，ネットスーパー（イトーヨーカドー，イオン，西友など），生協系サイト（パルシステム，コープみらい，コープデリなど），ショッピングモール（楽天市場，楽天モールなど），食品宅配専門サイト（オイシックス，らでぃっしゅぼーや，大地を守る会など）の4つに分類した。ここで，サイトへのアクセス頻度について「年に1回程度以下」，名称について「名称を忘れた」や「いろいろなサイト」等と記載してあるアンケート回収票は分析対象外としたことにより269名を分析対象とした。「スーパー等お店に行く回数が減った」はカイ2乗検定で5％有意であった。これはコクランの規則を満たさなかった。そこでフィッシャーの直接検定を行った。サイト分類は「ネットスーパー＋生協系サイト」「ショッピングモール＋食品宅配専門サイト」，影響度合は「あてはまる＋ややあてはまる」「どちらともいえない＋あまりあてはまらない＋あてはまらない」とした。結果は1％有

52   第Ⅰ部　ネット購買の普及

意であった。「ネットスーパー＋生協系サイト」のほうが「ショッピングモール＋食品宅配専門サイト」よりも，スーパー等での買い物頻度の回数減をより強く認識している傾向が観察された。ショッピングモールサイトや食品宅配専門サイトの利用は，相対的にリアル店舗での買い物頻度の回数減に結びついていないことから，リアル店舗では購入しにくい野菜がネット購入されていると考えられる。すなわち，ショッピングモールサイトや食品宅配専門サイトは新たな市場を創出している可能性がある。

（3）変化の定量化の試み

　ここでは，アンケート7（対象は，首都圏1都3県に住む2人以上世帯の女性。内訳は巻末参照）に基づき，インターネットチャネル利用開始による影響度合の定量化を試みる[18]。

　インターネットチャネルの利用開始前後で影響度合の高い項目は，「スーパー等お店で野菜を購入する頻度」「自宅の夕食でたまねぎ・じゃがいも・にんじん等を使った煮物メニューの出現頻度」「肉料理や魚料理の栄養バランスがとれるようになった」である。ここで，「肉料理や魚料理の栄養バランスがとれるようになった」については，メニューの出現頻度をイメージしやすい表現とするため「自宅の夕食で野菜も登場する肉料理や魚料理メニューの出現頻度」という表現とした。

　野菜購入におけるインターネットチャネルの利用開始前後における影響度合を見ると（**表2-9**），3割弱の回答者は，野菜をお店で購入する頻度が減少したと回答している。自宅の夕食で，たまねぎ・じゃがいも・にんじん等を使った煮物メニューの出現頻度，野菜も登場する肉料理や魚料理メニューの出現頻度では，いずれも1割強の回答者が増加したと回答している。回答割合を全体的に観察すると，購買行動における影響のほうが，調理・喫食行動における影響よりも大きい傾向が見られた。リアルなお店へ行く回数が減ったことによって節約される時間は，調理・喫食以外の活動へも振り向けられている可能性がある。

第2章　野菜のネット購買の全体的な動向　53

表2-9　インターネット購買開始の前後における変化度合

		現状での頻度	インターネットチャネル利用開始前後における変化度合						
			5割程度以上増加した	3割程度増加した	1割程度増加した	変化しなかった	1割程度減少した	3割程度減少した	5割程度以上減少した
スーパー等お店で野菜を購入する頻度	週に4回以上	34	3	1	0	25	4	1	0
	週に3回	48	0	3	3	28	11	3	0
	週に2回	72	0	2	4	46	13	5	2
	週に1回	59	0	0	1	41	9	4	4
	月に3回	7	0	0	1	2	2	1	1
	月に2回	4	0	0	0	1	0	2	1
	月に1回	4	0	0	0	1	0	2	1
	年に数回程度以下	0	0	0	0	0	0	0	0
	合計	228	3	6	9	144	39	18	9
自宅の夕食でたまねぎ・じゃがいも・にんじん等を使った煮物メニューの出現頻度	週に4回以上	44	1	2	4	37	0	0	0
	週に3回	44	0	4	5	34	0	0	1
	週に2回	58	0	2	9	45	2	0	0
	週に1回	51	0	0	4	42	0	3	2
	月に3回	16	0	0	1	13	1	1	0
	月に2回	8	0	0	2	5	1	0	0
	月に1回	7	0	0	0	6	1	0	0
	年に数回程度以下	0	0	0	0	0	0	0	0
	合計	228	1	8	25	182	5	4	3
自宅の夕食で野菜も登場する肉料理や魚料理メニューの出現頻度	週に4回以上	137	2	8	10	115	2	0	0
	週に3回	44	0	1	6	34	1	2	0
	週に2回	31	0	2	5	19	5	0	0
	週に1回	12	0	1	0	11	0	0	0
	月に3回	1	0	0	0	1	0	0	0
	月に2回	0	0	0	0	0	0	0	0
	月に1回	3	0	0	0	2	1	0	0
	年に数回程度以下	0	0	0	0	0	0	0	0
	合計	228	2	12	21	182	9	2	0

注：値は回答者数である。

　影響度合を定量的に試算する。アンケート7（対象は，首都圏1都3県に住む2人以上世帯の女性。内訳は巻末参照）では現状（インターネットチャネル利用開始後）での行動・出現頻度とインターネットチャネル利用開始前後の行動・出現頻度の変化度合を尋ねているので，これらのデータに基づき，セルごとにウエイトで案分する重みづけ平均法で試算した。インターネットチャネル利用開始前後におけるスーパー等リアル店舗で野菜を購入する頻度については，1人1週間あたり平均2.25回から2.15回へ0.1回の減少と試算された[19]。煮物メニューの出現頻度については，同平均2.07回から2.16回へ

0.09回の増加と試算された。野菜の登場する肉料理や魚料理の出現頻度の変化については，同平均3.20回から3.31回へ0.11回の増加と試算された。リアル店舗での野菜購入1回あたり購入量（購入原単位）とメニューあたり用いられる野菜の量（調理原単位）が変化しないという前提のもとで，リアル店舗での購入数量の減少分よりもインターネット経由での購入数量の増加分のほうが大きかったと推察される。家計調査年報によると，2012年から2014年にかけて生鮮野菜の購入数量は伸びていたが，その伸びの内の一定部分は，インターネットショッピングの普及によると考えられる。

注

1）ネットスーパーとはスーパーマーケットが運営している販売サイト，食材宅配とは主に野菜，果物等調理の食材を販売しているサイト，外食宅配とは外食チェーン店が弁当や惣菜等を販売しているサイトを表現したものであるが，Webアンケートの表示スパースが限られるため，これらの定義を明示しなかった。このため，同じサイトでも，回答者によってはネットスーパーに分類したり，外食宅配に分類したりしている可能性があることに留意が必要である。

2）eコマースサイトへアクセスする際，パソコンの電源を入れてからポータルサイトを利用し検索した後，ショッピングモールや食材宅配サイトへアクセスしていると考えられるが，ここでは，ポータルサイトへの検索のためのアクセスは考慮していない。

3）計画購買と非計画購買については，竹村和久編（2000）『消費行動の社会心理学』北大路書房を参照のこと。

4）詳細は，伊藤雅之（2013）「野菜購入におけるインターネットの利用意識からみた消費者の類型化」『農業経営研究』日本農業経営学会，第52巻第3号，pp.53～58を参照のこと。

5）それぞれの項目は**表2-2**に示すとおりである。購入する野菜の特性については，「サラダなど生食用野菜を購入することが多い」等の9項目をとりあげた。野菜購入でネットスーパーや食材宅配サイトへアクセスする場面については，「決まった曜日，決まった時間など習慣的にアクセスする」等の6項目をとりあげた。

6）詳細は，伊藤雅之（2016）「インターネット経由で購入している野菜の品目に関する一考察」『農業経済研究』日本農業経済学会，第87巻第3号，pp.297～301を参照のこと。

7）アンケートでは，「ネットスーパーや食材宅配サイト経由で野菜を購入した場

第2章　野菜のネット購買の全体的な動向　　55

合，近年1年間で1回あたりの野菜の購入金額（果実等とセットの場合は野菜のみを対象とします。送料を含みます）はおおよそどれくらいですか」として尋ねた。

8）詳細は，伊藤雅之（2016）「インターネット経由で購入している野菜の品目に関する一考察」『農業経済研究』日本農業経済学会，第87巻第3号，pp.297～301を参照のこと。

9）自宅での夕食メニューにおいて食材としての登場頻度の多い10品目の特定については，**表5-16**を参照のこと。多い順に，たまねぎ，にんじん，ねぎ，きゅうり，だいこん，キャベツ，レタス，トマト，じゃがいも，ピーマンである。

10）アンケートでの選択肢は，「7割程度以上の割合で含まれている」「5～6割程度の割合で含まれている」「3～4割程度の割合で含まれている」「2割程度以下の割合で含まれている」「この野菜をネットスーパーや食材宅配サイト経由で購入したことはない」の5つである。

11）アクセス回数は「週に1回程度以上」「月に2～3回程度」「月に1回程度」「年に3～4回程度」「年に1回程度以下」の5つの選択肢の中から選んでもらった。「週に1回程度以上」を53回/年，「月に2～3回程度」を30回/年「月に1回程度」を12回/年，「年に3～8回程度」を5.5回/年，「年に1回程度以下」を1回/年として，年あたりアクセス回数を集計した。

12）詳細は，伊藤雅之（2015）「野菜購入におけるインターネットチャネルの選択要因」『2014年度日本農業経済学会論文集』日本農業経済学会，pp.174～187を参照のこと。

13）フィリップ　コトラー著・村田昭治監修（1996）『マーケティング・マネジメント』プレジデント社に基づいた。

14）ネットスーパーとは，スーパーマーケットが開設しているホームページ上で自社の食品等を販売しているサイトを指し，食材宅配サイトとは，スーパーマーケット以外のネットサービス会社や生産者等がホームページを開設して食材を販売しているサイトを指しているが，Webアンケートの表示スペースが限られ，また定着した分類方法が存在しないため，これらの定義を明示しなかった。このため，同一サイトについて，ネットスーパーに含める回答者と食材宅配サイトに含める回答者が存在する可能性がある。

15）アンケートでは，野菜を購入するために，どの程度の頻度でネットスーパーや食材宅配サイトへアクセスしているかを尋ねた。2つのサイト種別に，「週に1回程度以上」「月に2～3回程度」「月に1回程度」「年に3～4回程度」「年に1回程度以下」の5つの選択肢の中から選んでもらった。2つのサイト種について両方とも「年に1回程度以下」と回答した方以外の回答者をネット利用者（125名該当）と定義した。

16）食ライフスタイルについては，磯島昭代（2009）『農産物購買における消費者

56 第Ⅰ部 ネット購買の普及

ニーズ』農林統計協会に基づいた。具体的には，食や農産物購入に関係する考えや態度を調査し，その背後にある価値意識を明らかにした結果，健康・安全・環境因子，料理エンジョイ因子，安値重視因子，非伝統因子の4つの因子が抽出されており，これらを採用した。

17) 詳細は，伊藤雅之（2015）「野菜のインターネットサイト購入による影響に関する一考察」『平成27年度日本農業経営学会研究大会報告要旨』日本農業経営学会，pp.120〜121を参照のこと。

18) 注17）と同様。

19) 計算手順は次のとおりである。頻度については，週に4回以上は4回/週，月に3回は0.7回/週，月に2回は0.5回/週，月に1回は0.2回/週，とした。現状での買い物頻度の構成割合を見ると，週に4回以上の回答者割合14.9%，週に3回同21.1%，週に2回同31.6%，週に1回同25.9%，月に3回同3.1%，月に2回同1.8%，月に1回同1.8%となる。これらより，現状（ネット利用開始後）でのスーパー等お店で野菜を購入する頻度の加重平均は2.15回/週となる。インターネットチャネル利用開始前後における変化度合を見る。まず買い物頻度が週に4回以上の層を見る。「5割程度以上増加した」については5割とすると，ネット利用開始前後で，4回/週買い物している消費者が，それを5割増加させたということは，1.3回/週増加させたこと（したがって，利用前の買い物頻度は2.7回/週）になる。同様に，3割程度増加させた場合には，0.9回/週増加させたこと，1割程度増加させた場合には，0.4回/週増加させたこと，1割程度減少させた場合には，0.4回/週減少させたこと，3割程度減少させた場合には，1.7回/週減少させたこと，5割程度減少させた場合には，4回/週減少させたことになる。4回/週買い物している消費者について，「5割程度以上増加した」の回答者割合は8.8%，「3割程度増加した」同2.9%，「1割程度増加した」同0%，「変化しなかった」同73.5%，「1割程度減少した」同11.8%，「3割程度減少した」同2.9%，「5割程度減少した」同0%である。4回/週買い物している消費者について，ネット利用開始前後の変化度合の加重平均は，0.04回/週となる。同様な計算手順によって変化度合の加重平均を求めると，買い物頻度「週に3回」−0.09回/週，「週に2回」−0.13回/週，「週に1回」−0.11回/週，「月に3回」−0.16回/週，「月に2回」−0.23回/週，「月に1回」−0.09回/週，となる。以上で得られたネット利用開始前後の変化度合の加重平均した値を，さらに，現状での買い物頻度の構成割合で加重平均すると，−0.1回/週となる。したがって，ネット利用開始前後で買い物頻度は，0.1回/週減少したこと，すなわち，2.25回/週から2.15回/週へ減少したと計算される。なお，自宅の夕食でたまねぎ・じゃがいも・にんじん等を使った煮物メニューの出現頻度，自宅の夕食で野菜も登場する肉料理や魚料理メニューの出現頻度についても同様の計算手順で試算した。

第**3**章
野菜のネット購買に用いられるサイトの特徴

　消費者が野菜をネット購入できるサイトは，ネットスーパー，ショッピングモール等多種多様である。そこで，サイトを選択・利用するにあたっての重要項目や利用満足度を明らかにするとともに，サイト分類ごとにその特性を整理する。

1．サイトの分類

（1）サイト利用での重要項目と魅力度合

　インターネット利用者がサイトを利用するにあたって重視すること，及び利用魅力度を整理する。アンケート5（対象は，首都圏1都3県に住む2人以上世帯の女性。内訳は巻末参照）によるデータを用いて解説する[1]。

　まず，野菜を購入できるサイトを利用するにあたって重要と思う項目を尋ねた（**図3-1**）。「野菜の品質が信頼できる」（65.8％）が最も高く，「サイトの管理・運営が信頼できる」（39.6％），「ホームページがわかりやすく，入力しやすい」（37.7％）と続いた。リアルな店舗において，野菜の購入先の選定理由として「食材や日用品等の買い物が1か所で済む」「品質・鮮度がよい」「通常の販売価格が安い」が上位であることが指摘されている[2]。回答者の属性や質問文，選択肢等が異なるので，単純には比較できないが，リアルな店舗を選択する場合とインターネットサイトを選択する場合とでは，異なる要因が作用している可能性がある。

　アンケートでは，インターネット経由で野菜を購入したことがあるかどうかを尋ねた。「ある」と回答した回答者数は，260名であった。当該回答者を対象として，野菜購入のために最も頻繁に利用しているサイト名を尋ね，そ

58　第Ⅰ部　ネット購買の普及

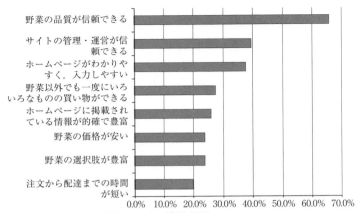

図3-1　サイト利用における重要項目

注：アンケートでは，野菜購入サイトを利用するにあたって重要なことを1～3つの範囲で尋ねた。回答者数は360名である。

のサイトを念頭において，17の魅力項目ごとに魅力度合を尋ねた。魅力項目は重要項目を詳細化・具体化したものである。魅力度合は，「大いにそう思う」「そう思う」「ややそう思う」「あまりそう思わない」「そう思わない」の5段階で選択してもらった。

　魅力度合の回答データを用いて因子分析を行った。初期の固有値が1.0以上となる因子数が4つであったことから，4つの因子を抽出した（**表3-1**）。第1因子は，主に「有機栽培や特別栽培，規格外の野菜が販売されている」「販売されている野菜の産地や生産者がはっきりしている」「きちんと管理されて栽培された野菜が販売されている」と関連が強く，野菜の品質に関する因子である。第2因子は，主に「ホームページが見やすい，わかりやすい」「注文データを入力しやすい」「ほしい野菜を選択しやすい」と関連が強く，サイトの使いやすさに関する因子である。第3因子は，主に「サイト運営者が信頼できる」「これまで利用していて，問題がなかった」「クレームにすぐに対応してくれる」と関連が強く，事業者の信頼性に関する因子である。第4因子は，「販売されている野菜の価格が安い」「注文してから配達されるまでの時間が短い」と関連が強く，効率性に関する因子である。

第3章　野菜のネット購買に用いられるサイトの特徴　59

表3-1　因子分析結果

	野菜の品質	サイトの使いやすさ	事業者の信頼性	効率性	共通性
有機栽培や特別栽培，規格外の野菜が販売されている	**0.841**	0.112	0.053	-0.057	0.726
販売されている野菜の産地や生産者がはっきりしている	**0.829**	0.145	0.230	-0.030	0.763
きちんと管理されて栽培された野菜が販売されている	**0.787**	0.072	0.315	0.049	0.726
スーパー等近くの店では売っていない野菜が販売されている	**0.694**	0.055	0.072	0.089	0.498
販売されている野菜が新鮮である	**0.649**	0.109	0.357	0.239	0.618
ホームページが見やすい，わかりやすい	0.077	**0.825**	0.152	0.220	0.758
注文データを入力しやすい	-0.018	**0.783**	0.304	0.185	0.741
ほしい野菜を選択しやすい	0.133	**0.768**	0.332	0.150	0.740
知りたい情報が掲載されている	0.312	**0.711**	0.212	0.176	0.679
サイト運営者が信頼できる	0.260	0.294	**0.737**	0.001	0.697
これまで利用していて，問題がなかった	0.175	0.156	**0.642**	0.162	0.494
クレームにすぐに対応してくれる	0.270	0.212	**0.584**	0.203	0.500
サイトの評判がいい	0.179	**0.451**	0.478	0.392	0.617
販売されている野菜の価格が安い	0.159	0.232	0.136	**0.683**	0.564
注文してから配達されるまでの時間が短い	-0.098	0.149	0.019	**0.593**	0.384
少量でも注文できる	0.212	0.146	0.317	0.318	0.268
野菜以外も購入できる	0.047	0.131	0.379	-0.011	0.164
因子負荷量の平方和	3.325	2.916	2.347	1.348	
寄与率	19.556	17.151	13.806	7.932	
累積寄与率	19.556	36.707	50.514	58.445	

注：因子抽出法は主因子法，バリマックス回転を行った。

　サイト利用において重要であるとあげられた項目と比較すると，第1因子は「野菜の品質が信頼できる」，第2因子は「ホームページがわかりやすく，入力しやすい」，第3因子は「サイトの管理・運営が信頼できる」と対応している。サイト利用における重要項目とサイトの魅力を判断する因子とは対応していることから，消費者が重要と考える項目に配慮・対応することがサイト利用に結びついていると考えられる。したがって，3つの重要項目に関するニーズをいかに具体化し満たしていくことができるかが，事業者にとっ

60 第Ⅰ部 ネット購買の普及

ての課題であると考えられる。

（2）サイトの分類

　アンケートでは，インターネット経由で野菜を購入したことがある回答者（260名）に，野菜購入のために最も頻繁に利用しているサイト名を記載してもらった。ここで，サイト名について，「覚えていない」「忘れた」との回答者4名，また記載したサイトへのアクセス頻度[3]について，「年に1回程度以下」との回答者13名がおり，これらの回答者は現時点でほとんどサイトを利用していないと判断されることから，これらを除いた243名を対象としてサイトを分類することとした。サイト名ごとに分類・集計したところ，ネットスーパー（イトーヨーカドー，イオン，西友など回答者数97（39.9%）），生協系サイト（生協パルシステム，コープみらい，コープデリなど同90（37.0%）），生鮮野菜宅配専門サイト（オイシックス，らでぃっしゅぼーや，大地を守る会など同35（14.4%）），ショッピングモール（楽天市場，楽天マートなど同21（8.6%））となった。

　ここで，4分類のうち，生鮮野菜宅配専門サイトとショッピングモールは，いずれも流通事業者以外の事業者が新規参入で管理運営主体となっていることから非流通系サイト（回答者数56，23.0%）として一括りにすることも可能である。ただし，生鮮野菜宅配専門サイトとショッピングモールでは品ぞろえの数や品目等が異なるので，利用特性も異なる可能性があることに留意する必要がある。

2．サイト分類別の利用特性

（1）魅力項目と重要項目

　アンケート5（対象は，首都圏1都3県に住む2人以上世帯の女性。内訳は巻末参照）のデータに基づいて，ネットスーパー，生協系サイト，非流通系サイト別に，17個の魅力項目に基づいてその利用特性を探る[4]。「野菜の

品質」因子に含まれる5つの観測変数について概観すると，ネットスーパー利用者は野菜の品質に対する魅力度を相対的に低く評価している傾向が観察された。カイ2乗検定を行ったところ，すべての項目でサイト種類別に有意な違いが認められた。ただし，コクランの規則を満たしているのは，「スーパー等近くの店では売っていない野菜が販売されている」のみであった。そこで，これ以外の4つの項目についてフィッシャーの直接検定を行った。サイト分類は「ネットスーパー」「生協系サイト＋非流通系サイト」，魅力度分類は「大いにそう思う」「左記以外」とした。結果は，4つの項目とも1％有意であった。したがって，前述の傾向が確認された。「サイトの使いやすさ」因子に含まれる観測変数について概観すると，生協系サイト利用者は同項目を高く評価している傾向が観察された。カイ2乗検定を行ったところ，「注文データを入力しやすい」で有意な違いが認められた。これは，コクランの規則を満たしていなかった。そこで，フィッシャーの直接検定を行った。サイト分類は「生協系サイト」「ネットスーパー＋非流通系サイト」，魅力度分類は「大いにそう思う」「左記以外」とした。結果は，10％有意であった。したがって，入力のしやすさに関して，前述の傾向が確認された。生協系サイト利用者は，注文票への記入よりもネット入力のほうがより利便性が高いと感じていることを反映している可能性がある。「事業者の信頼性」因子に含まれる観測変数について概観すると，生協系サイト利用者は同項目を高く評価している傾向が観察された。カイ2乗検定を行ったところ，「サイト運営者が信頼できる」「クレームにすぐに対応してくれる」で有意な違いが認められた。後者の項目はコクランの規則を満たしていたが，前者の項目は満たしていなかったため，フィッシャーの直接検定を行った。サイト分類は「生協系サイト」「ネットスーパー＋非流通系サイト」，魅力度分類は「大いにそう思う」「左記以外」とした。結果は1％有意であった。したがって，前述の傾向が確認された。「効率性向上」因子に含まれる観測変数では「販売されている野菜の価格が安い」「注文してから配達されるまでの時間が短い」において，カイ2乗検定で有意な違いが認められ，またコクランの規則を満

62　第Ⅰ部　ネット購買の普及

表3-2　3種類別の利用頻度と食ライフスタイル

区　　分		ネットスーパー (n=97)	生協系サイト (n=90)	非流通系サイト (n=56)
サイトへアクセスする頻度***	週に1回程度以上	31 (32.0%)	74 (82.2%)	28 (50.0%)
	月に2～3回程度	36 (37.1%)	9 (10.0%)	12 (21.4%)
	月に1回程度	17 (17.5%)	6 (6.7%)	7 (12.5%)
	年に3～8回程度	13 (13.4%)	1 (1.1%)	9 (16.1%)
サイトへアクセスした後，実際に野菜を購入する頻度***	週に1回程度以上	19 (19.6%)	48 (53.3%)	14 (25.0%)
	月に2～3回程度	32 (33.0%)	25 (27.8%)	16 (28.6%)
	月に1回程度	26 (26.8%)	10 (11.1%)	10 (17.9%)
	年に3～8回程度	18 (18.6%)	6 (6.7%)	11 (19.6%)
	年に1回程度以下	2 (2.1%)	1 (1.1%)	5 (8.9%)
健康や食品の安全性，環境問題に関心がある***	あてはまる	26 (26.8%)	33 (36.7%)	34 (60.7%)
	ややあてはまる	56 (57.7%)	44 (48.9%)	18 (32.1%)
	どちらともいえない	13 (13.4%)	9 (10.0%)	3 (5.4%)
	あまりあてはまらない	1 (1.0%)	4 (4.4%)	1 (1.8%)
	あてはまらない	1 (1.0%)	0 (0%)	0 (0%)
料理をすることは楽しいし工夫している***	あてはまる	24 (24.7%)	17 (18.9%)	26 (46.4%)
	ややあてはまる	44 (45.4%)	30 (33.3%)	14 (25.0%)
	どちらともいえない	22 (22.7%)	31 (34.4%)	12 (21.4%)
	あまりあてはまらない	4 (4.1%)	10 (11.1%)	3 (5.4%)
	あてはまらない	3 (3.1%)	2 (2.2%)	1 (1.8%)
食材の購入では値段を重視する**	あてはまる	13 (13.4%)	11 (12.2%)	11 (19.6%)
	ややあてはまる	50 (51.5%)	30 (33.3%)	14 (25.0%)
	どちらともいえない	26 (26.8%)	38 (42.2%)	24 (42.9%)
	あまりあてはまらない	6 (6.2%)	10 (11.1%)	6 (10.7%)
	あてはまらない	2 (2.1%)	1 (1.1%)	1 (1.8%)
伝統にとらわれず，目新しい食材や料理を積極的に取り入れている	あてはまる	17 (17.5%)	16 (17.8%)	16 (28.6%)
	ややあてはまる	44 (45.4%)	33 (36.7%)	23 (41.1%)
	どちらともいえない	27 (27.8%)	31 (34.4%)	12 (21.4%)
	あまりあてはまらない	7 (7.2%)	8 (8.9%)	4 (7.1%)
	あてはまらない	2 (2.1%)	2 (2.2%)	1 (1.8%)

注：***はカイ2乗検定において1％水準で有意，**は同5％水準で有意，**は同10％水準で有意であることを示す。

たしていた。生協系サイト利用者は両項目を相対的に低く，ネットスーパー利用者は高く評価している。

　次に，サイトへのアクセス頻度，ネット購入頻度から探る（**表3-2**）。両項目について概観すると，生協系サイト利用者はいずれの頻度も高いことが観察された。カイ2乗検定を行ったところ，有意な違いが認められた。アクセス頻度についてはコクランの規則を満たしていたが，購入頻度についてはそうでなかったためフィッシャーの直接検定を行った。サイト分類は「生協

第3章 野菜のネット購買に用いられるサイトの特徴 63

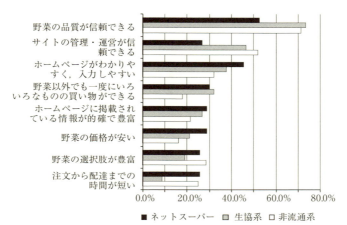

図3-2 サイト利用における重要項目（3種類別）
注：アンケートでは，野菜を購入できるサイトを利用するにあたって重要なことを1〜3つの範囲で尋ねた。回答者数は243名である。

系サイト」「ネットスーパー＋非流通系サイト」，頻度分類は「週に1回程度以上」「左記以外」とした。結果は，1％有意であった。生協組合員の注文形態は，用紙による注文書へ記入していた形態からネット入力へと変化したが，配達頻度は変化していないことによると考えられる。食ライフスタイル[5]から見る（表3-2の上から3〜6番目の項目）。当該4項目について全体的に概観すると，非流通系サイト利用者はいずれの項目もあてはまり度合の高い傾向が観察された。カイ2乗検定を行ったところ，「健康や食品の安全性，環境問題に関心がある」「料理をすることは楽しいし工夫している」「食材の購入では値段を重視する」のあてはまり度合で有意な違いが認められた。いずれの項目もコクランの規則を満たしていなかったため，フィッシャーの直接検定を行った。サイト分類は「非流通系サイト」「ネットスーパー＋生協系サイト」，あてはまり度分類は「あてはまる＋ややあてはまる」「左記以外」とした。いずれの項目でも有意な違いは認められなかった。

以下では，サイト種類別にサイト利用における魅力認識度と重要項目（**図3-2**）から見た課題について考察する。ネットスーパー利用者について，サ

イト利用における重要項目を見ると、「サイトの管理・運営が信頼できる」26.8％、「ホームページがわかりやすく入力しやすい」45.4％となっていた。一方で「ホームページが見やすい、わかりやすい」に対する魅力認識度合では、3種類別に有意な違いが確認されなかった。したがって、ネットスーパーの課題として、他のサイトと比べてホームページの優位性・独自性を追求することがあげられる。生協系サイト利用者は、生協組織に信頼を置いており、加えて野菜購入のためのネット入力のしやすさを評価している。またサイトへのアクセス頻度、サイト経由での購入頻度も高い。生協系サイト利用者は「注文してから配達されるまでの時間が短い」を相対的に低く評価しているが、サイト利用における重要項目を見ると、同項目に対する回答割合は8.9％であり、もともとあまり重要と認識していない。生協系サイトについて、サイト利用における魅力認識度と重要項目からみた課題は抽出できなかった。非流通系サイト利用者について、サイト利用における重要項目を見ると、「サイトの管理・運営が信頼できる」51.8％と生協系46.7％、ネットスーパー26.8％を上回っていた。一方で事業者の信頼性因子、特にクレーム対応では有意に低く評価されていた。したがって、非流通系サイトの課題として、クレーム対応の仕組を今まで以上に充実させていくことがあげられる。

　なお、世帯属性については、カイ2乗検定でサイト3種類間に有意な違いが認められなかった。

（2）個別サイトの利用

　個別サイトに対する消費者の利用意向はどのようになっているのであろうか。アンケート8（対象は、首都圏1都3県に住む2人以上世帯の女性。内訳は巻末参照）によるデータを用いて解説する[6]。

　対象としたサイトは、アンケート5に基づき、イトーヨーカドーネットスーパー、イオンネットスーパー、西友ネットスーパー、サミットネットスーパー[7]、パルシステムのネット注文、コープみらいのネット注文、コープデリのネット注文、生活クラブのネット注文、東都生協のネット注文、楽天マ

ート，楽天市場，オイシックス，らでぃっしゅぼーや，大地を守る会の14サイトである。

　ネット経由での野菜購入について，近年1年間に1回以上購入したことがあるとの回答者数の割合を見ると，楽天市場32.9％（84名），イトーヨーカドーネットスーパー32.2％（82名），イオンネットスーパー26.3％（67名），パルシステム18.8％（48名），西友ネットスーパー18.4％（47名），オイシックス17.6％（45名）の順番となっている。このうち，多頻度である26回以上購入したとの回答者数は，パルシステム8.6％（22名），コープデリ5.9％（15名），イトーヨーカドー，コープみらい，楽天市場いずれも4.3％（11名）の順番となっている。全体的に生協系サイトは，高頻度に利用されている傾向が見られた。

　サイトごとに延べでの利用回数（人回/年）を見るため，近年1年間における利用頻度「1〜3回」を2回，「4〜9回」を6.5回，「10〜15回」を12.5回，「16〜25回」を20.5回，「26回以上」を36回[8]に換算して14個のサイトの利用回数シェアを計算した。利用回数シェアの高い順に，パルシステム17.3％，楽天市場14.0％，イトーヨーカドーネットスーパー13.1％，コープデリ10.8％，コープみらい9.0％であった。利用頻度の高い生協系サイトが上位5つの中で3つを占めた。各サイトでの1回あたり購入金額が同じと仮定すると，上記は野菜のネット販売市場のシェアとなる。同シェアを見ると，上位4サイトで5割強となるにすぎないことから，野菜のネット販売市場は寡占状態にあるとはいいにくい。また，各サイトをネットスーパー，生協系サイト，その他サイトに分類すると，ネットスーパー29.2％，生協系サイト43.3％，その他サイト27.5％となり，おおむね拮抗している。

　近年1年間における利用回数（利用頻度の換算方法は，前述の利用回数の場合と同じ）について，回答者別に集計し，利用回数のランク別（2回以上20回未満，20回以上40回未満，40回以上60回未満，60回以上80回未満，80回以上）に整理した。その結果，「2回以上20回未満」52.2％，「20回以上40回未満」25.1％，「40回以上60回未満」13.3％であった。14のサイトに限ったこ

66   第Ⅰ部　ネット購買の普及

とではあるが，近年1年間に1回以上購入したことがあるとの回答者について，その半数近くは，月に1回程度の利用にとどまっている。

　今後の利用意向について，ネットで野菜を購入している回答者の回答割合から見ると，「現在より増やしたい」11.0%，「現在と同じ程度」67.1%，「現在より減らしたい」5.1%，「わからない」16.9%である。現状の利用頻度と変わらないという回答が約3分の2を占めており，増加意向が減少意向よりも6ポイント程度大きいことから，現時点での利用者に限ってではあるが，今後野菜のネット購買利用が活発化することがうかがわれた。

注
1）詳細は，伊藤雅之（2016）「野菜購入に用いられるインターネットサイトの利用特性」『フードシステム研究』日本フードシステム学会，第22巻第3号，pp.243～248を参照のこと。
2）濱田亮治・和泉真理（2010）『食料消費の変動分析』（農山漁村文化協会）による。
3）アンケートでは，最も頻繁に利用しているサイトについて，そのアクセス頻度を「週に1回程度以上」「月に2～3回程度」「月に1回程度」「年に3～4回程度」「年に1回程度以下」の5つの選択肢の中から選んでもらった。
4）詳細は，注1）を参照のこと。
5）食ライフスタイルの項目については，第2章の注16）を参照のこと。
6）詳細は，伊藤雅之（2016）「野菜購入に用いられるインターネットサイトの市場性比較」『2016年度日本農業経済学会大会報告要旨』日本農業経済学会を参照のこと。
7）2014年10月にネットスーパーのサービスを休止した。
8）月に3回利用すると想定した。

第**4**章

事業者の対応課題

　ネット購買に関する消費者の行動実態や意識に対応して，生産者・団体，
流通事業者等供給者側はどのような取り組みを行っているのだろうか。ネッ
ト購買を普及させていくためには消費者の行動実態や意識を踏まえることが
有効であるとの認識のもとで，供給者側の対応課題や動向を概説する。

1．生産者・団体の取り組み

（1）自前でサイト開設

　2000年代前半に意欲ある農産物の生産者・団体は，新規顧客の拡大を目指
して自前でホームページを立ち上げた。アドバイスや研修を受けながら，手
探りの状態で，ホームページを開設した。

　開設した後，農繁期にさしかかり管理のための時間がない，アップするコ
ンテンツが思い浮かばない，アクセス数が増えないなどの理由でホームペー
ジの更新がおろそかになっていった。そうすると，ますますホームページへ
のアクセス数が減少し，さらにホームページに対するメンテナンスや管理が
おろそかになるという悪循環に陥っていった。注文はいつ来るかわからず，
注文が来ても配送手続きや料金回収の手間が当初思ったよりも負担であった。
ネット販売の売り上げがあっても，道の駅や直売所での売り上げと比べると
少ないものであり，期待したような効果を得られなかった。このような状況
が多く見られた。

　地域特産品や地域ブランド品については，一定のリピーター注文があるこ
とから，ホームページの活用は有効であった。ここでは，安定した注文を確
保すること，すなわちリピーターの維持と口コミによる顧客の拡大が課題と

68　第Ⅰ部　ネット購買の普及

なる。

　サイト選択要因から考える。

　ネット販売において，生産者・団体は，野菜の品質の良さの面では優位であるが，事業者の信頼性，ホームページの使いやすさの面では優位にあるとはいいにくい。

　事業者の信頼性については，地域ブランド指定など品質保証制度の適用を受けることが有効であるが，これは限られたケースであり，一般的には時間をかけて信頼を得ていく以外に道はない。

　ホームページの使いやすさについては，担当する人材をいかに確保するかが課題である。近年，フェイスブックやツイッター等SNSの普及が目覚しい。これらの使い方に熟知した人材が増えていくであろう。また，口コミのツールとしても有効である。SNSは，安価で使いやすいツールであることから，投資に厳しい事業環境においても活用しやすい。

（2）ショッピングモールの開設

　2000年代前半にJA全農は，ショッピングモールであるJAタウンを開設した。初期段階での売れ筋は，コメであったが，この要因として，コメはブランドが確立していることがあげられる。現時点でもコメの新銘柄が開発・販売されているが，口コミ等でブランドが確立すれば，ショッピングモールでの販売は有効である。

　ここでは，道の駅やファーマーズマーケット等直売所のeコマース版（バーチャル直売所）を提案したい。わずかな出荷量であっても，自分のペースにあわせて出荷できる。システムのメンテナンスは，直売所の職員が行う。モバイル系のメディアが普及していくことによって，場所を選ばずメンテナンス作業を行うことも可能となる。

　直売所での売れ行きがよい場合には，わざわざインターネットを活用して新規顧客を増やす必要はないと考えるかもしれない。であれば，規格外品や加工品の販売，新規企画の試作販売，あるいは地元ならではのレシピや食べ

第4章　事業者の対応課題　　*69*

方の紹介に活用してもよいだろう。

　サイト選択要因から考える。

　ショッピングモールを開設する場合，野菜の品質の良さと事業者の信頼性の面では優位であるが，ホームページの使いやすさの面では優位になりにくい可能性がある。ここでは，SNSの活用を検討する余地がある。

（3）契約栽培

　農産物の生産者・団体は，ネット販売サービスを提供している事業者と栽培契約を結ぶことも有効である。これによって，安定した収入を得ることに結びつく。ただし，ネット販売サービス事業者は，独自のブランド戦略を有しているため，生産者・団体は決められた栽培方法を守る必要がある。

　この場合，生産者は，直接的にはeコマースに取り組まないので事業リスクは小さいが，その分リターンも小さい。栽培・収穫に力を入れることになるので，よりよい栽培技術を追求したい生産者に適している。ただし，ネット販売サービス事業者のブランド化戦略に制約を受けざるをえない。

2．スーパーマーケットの取り組み

　ネットスーパーとは，スーパーマーケットが開設して行うネット販売サービスである。2000年代初頭に始まった。西友，イオン，イトーヨーカドーなどが参入している。とくに2010年代に参入が活発化し，中堅スーパーも参入するようになった。しかし，一部ではすでに撤退の動きもでてきている。スーパーマーケットがネットスーパーに取り組む背景には，スーパー間や新規業態店との競争の激化，新規出店適合エリアの減少（新規出店コストの増大）などの課題があることに加えて，高齢化の進行をにらんで宅配サービスの充実を図るという意図がある。配達エリアは限定されており，取り扱い品目は，生鮮食品，冷凍食品，たまごから日用品まで多種である。

　大手消費者物流サービス会社系の情報サービス会社が，スーパー向けにネ

ット注文と宅配をセットとしたサービスを開発・提案するなど，地方の中堅
スーパーが取り組むeコマースを支援するサービスも登場した。

　サイト選択要因から考える。

　ネットスーパーの場合，事業者の信頼性とホームページの使いやすさの面
では優位であるが，野菜に限っていえばその品質の良さでは優位になれない
可能性がある。ネット購買では，野菜の価格の安さや品揃えの豊富さに対す
る意識はあまり強くないので，ホームページの使いやすさにおける工夫が必
要である。個別の顧客に対し購買履歴を提供する，ワンツーワンのレコメン
デーションを行う，他サイトとの連携を図る，などが有効と考えられる。

3．ネットサービス事業者の多様化

（1）ショッピングモール

　物販系 B to C eコマースの大手である，楽天，ヤフー，アマゾンは，我々
の消費生活で必要不可欠な存在になりつつある。

　楽天は，1997年，加盟店13店から創業した。ホームページ上にショッピン
グモールを設置している。食品宅配を行う楽天マートを2012年 7 月に設立し，
東京都板橋区，北区，豊島区，練馬区からサービスを開始した。楽天市場で
の人気食品を品揃えしている。

　ヤフーは，1994年にサービスを開始した。1996年ソフトバンクとの合弁で
ヤフージャパンを設立した。2005年10月にはカテゴリー検索主体の検索サー
ビスからロボット検索をメインサービスに加えた。ネットオークションの利
用が活発である。

　今後，出店料や手数料の低価格化が進めば，生産者が出店するメリットは
高まるかもしれない。それでも農家単位での出店は受注から出荷までの作業
負荷が大きく，一定の生産規模を有する生産法人のほうがメリットは大きい
のではないかと考えられる。とくに，垂直的多角化（ 6 次産業化）を目指す
生産法人にとっては新規販売先の発掘・確保や新企画の開発が課題となるが，

ショッピングモールへの出店はこれら課題の解決策を検討するための素材を提供してくれる可能性がある。

サイト選択要因から考える。

ショッピングモールの場合，事業者の信頼性とホームページの使いやすさの面では優位であるが，野菜の品質の良さでは優位になれない可能性がある。ショッピングモール事業者の多くは，もともとポータルサイトビジネスやクリック＆モルタル型ビジネスを志向していることから，野菜を含む生鮮食品や加工食品の販売を収益の柱に据えるといった戦略をとりにくい。生産者・団体としては，出店料や手数料を勘案しながら，ブランド戦略の一環として出店することも考えられる。

（2）異業種からの参入

異業種から食材宅配サービスへの参入が見られる。

介護事業者であるニチイ学館が提供しているニチイの食卓ヘルパーがある。メインは高齢者向けであり，完成品タイプの食材を宅配する。商品製造後3ヶ月～12ヶ月の保存が可能で，1食分ずつ包装した調理済み食材を冷凍状態で届ける。

2000年創業のオイシックスは，自然食品の宅配サービスを提供している。食品の調達は日商岩井（現双日）から支援を受けた。給食大手のシダックスと提携して栄養管理ノウハウを吸収した。

1988年創業のらでぃっしゅぼーやは，有機野菜，低農薬野菜の宅配サービスからはじめ，加工食品，日用品なども扱うようになった。定期的に旬の野菜（セット品）を配達する。

株式会社47CLUBが運営している47CLUBがある。全国の1,300を超えるショップと47都道府県の地方新聞社が協力して，地域特産品のショッピングモールを提供している。

これまでの異業種参入の形態は，各事業者の既存顧客に対して食品や食材を提供するというものである。このため，ターゲット顧客が狭い範囲に限定

され，食材面やメニュー面で差別化戦略をとる場合が多い。

　地方における高齢化・人口減少化による買い物弱者の増大が懸念されている中で，B to C eコマースは，場所を選ばない買い物インフラの整備といった観点から，解決策の一つとなる可能性を秘めている。可能性を高めるためには，異業種の有しているノウハウを統合して活かしていくことが有効である。この場合，衣（医）食（職）住をトータルでサポートするシステムのプラットフォームとして，B to C eコマースを位置づけるのである。

　サイト選択要因から考える。

　異業種から新規参入する場合，事業者の信頼性の面では優位である。加えて，野菜の品質の良さ，あるいはホームページの使いやすさ，いずれかの面で優位性を追求する必要があり，どちらを追求するかについては，各事業者が持っている優位資源の内容による。戦略面から見ると，水平的多角化や垂直的多角化の場合野菜の品質の良さ，異質的多角化の場合ホームページの使いやすさ，について優位性を追求する戦略を構築することが望ましい。

（3）生活協同組合

　コープ事業連合は，パルシステムサービスを提供している。対象エリアは，首都圏のみである。これ以外にも多くの生協が，ネット注文サービスを提供している。

　サイト選択要因から考える。

　生協の場合，事業者の信頼性と野菜の品質の良さでは優位であるが，ホームページの使いやすさの面では優位になっていない可能性がある。注文表への記入による注文が，ホームページへの入力による注文へ移行したことによる利便性の向上は，一過性のメリットであろう。今後は，付帯サービスの充実が課題と考えられる。

（4）ナビゲーター

　ナビゲーターとは，食材宅配サービス事業者の商品やサービスの比較・ラ

ンキングを行うものである。ナビゲーターが存在しない場合，消費者はポータルサイトへ異なるキーワードを入力し複数回検索する必要があるが，存在する場合には自分が求めるものをよりスピーディに探すことができるようになる。食材宅配サービス事業者が増えれば増えるほど，ナビゲーターの必要性は高まっていく。当該事業者サイドにとっても，第3者的な立場から評価を受けることによって，自らのサービスの位置づけが分かるので，課題や目標を明確にする際の手助けとなる情報を入手できる。

　現時点で，食材宅配サービスのナビゲーターの多くは，個人による開設・運営となっている。アフィリエイトによる手数料収入を見込んでいる。このため，ランキングを行っている場合が多い。利用者の意見交換の場としての活用もある。たとえば，ネットスーパー，食材宅配，食事宅配の人気ランキングや食材宅配サービス5社の利用体験レポートを掲載している。食材宅配サービスについて，口コミランキング，大手サービス比較，商品価格ランキングを掲載している。食材宅配サービスのまとめとして，都道府県別に200社以上を掲載し，おすすめベスト3をランキングしている事例もある。

　レシピのポータルサイトであるクックパッドのような，食材宅配ポータルサイトが登場する可能性もある。この場合，第3者的な立場，すなわち中立性を担保するため，消費者が自らの意思で情報を入力する仕組みであることが望ましい。将来的には，カカクコムや比較コムのような法人組織による開設・運営が登場する可能性もあろう。

第Ⅱ部　食卓メニューの特徴と変化

第**5**章
食卓メニューの特徴

　家庭における食卓メニュー（食卓に並べられる，ごはん，味噌汁，とんか
つ，肉じゃが，ビール等一つひとつの食物を指す。惣菜や調理済み食品も含
む）について，食MAP（株式会社ライフスケープマーケティングの登録商標）
におけるデータに基づいて分析する。当該データを入力しているモニターは，
首都圏30km圏内（東京・神奈川・千葉・埼玉）在住の有配偶女性（層化二
段無作為抽出），単身男女を対象に，国勢調査の年代構成比に合わせて，募
集されている。詳細は，http://www.lifescape-m.co.jpに紹介されている。

　本章では，有配偶女性の2006年における食卓データに基づいて，自宅での
夕食における食卓メニューやそこで用いられる野菜の特性に焦点を絞って述
べる。

1. 食卓メニューに関する意識

（1）食生活志向

　メニューの選択に影響を与えると考えられる非経済的要因を特定する。既
存の研究例では，消費者アンケートで得られたデータに基づいて因子分析を
行うことによって，グルメ志向，健康志向，安全志向，価格志向，簡素志向，
団欒志向，外食志向といった食ライフスタイル因子が抽出されている[1]。生
協組合員へのアンケートによって，農産物購入における因子として，健康・
安全・環境，料理エンジョイ，安値重視，非伝統が抽出されている[2]。学校
給食の基本的な項目として，価格，栄養バランス，安全性をとりあげた分析
がある[3]。普段の食事や外食に関する行動の指針を形成する価値意識につい
て，アンケート調査に基づいた因子分析から，安全・健康，省力合理化，グ

78   第Ⅱ部　食卓メニューの特徴と変化

ルメ探求，倹約の4つの因子が抽出されている[4]。一般生活者へのアンケートによって，食に対する志向で過去現在未来とも最も高いのは健康，次に経済性，安全であると指摘されている[5]。近年，安全・安心への関心や健康志向が高まっていると述べられている[6]。また，消費者の価値観の変化として健康・安全志向が代表的であると述べられている[7]。

　以上より，食生活志向に関する主要項目をあげると，安全，健康，価格，簡便，団欒，グルメに整理される。これらについて，食卓でのメニューの選択や構成との関連を考察することによって食生活志向を特定する。安全については，安全性の確保された食材を購入したいという意識から，これと整合のとれたメニューになると考えられるので，食卓に影響を与える可能性がある。健康については，食事における栄養バランスへの配慮やカロリーの適正摂取など食卓と関連のある可能性がある。価格については，一定の食費に抑えたいという意識から，これと整合のとれたメニューが選択されると考えられるので，食卓に影響を与える可能性がある。このように，安全，健康，価格については，メニューの選択や構成と関連があると考えられる。簡便については，中食を利用して調理の手間を省くなど個別メニューの調理行動と主に関連があると考えられる。団欒については，家族全員で集まって食事する，お話しながらゆっくり食べるなど食事の環境づくりと関連があると考えられる。グルメについては，グルメ雑誌やグルメ番組などからレストラン情報を入手するなど，内食よりも外食に関連が強い可能性がある。以上より，メニューの選択や構成に関連する度合いが強い食生活志向は，安全志向，健康志向，価格志向であると考えられる。

　食MAP（株式会社ライフスケープマーケティングの登録商標）では，モニターに対するアンケート調査結果に基づいて，モニターの安全志向，健康志向，価格志向を定義している。「安全志向」は，食品の安全性に関心が高いことを表現する。具体的には「合成保存料を使った加工食品は買わない」「成分表示や添加物は確認して買う」「産地や生産者を確認して買う」「安全性が不安な報道のあった食品は買わない」からなるとされている。「健康志向」は，

第5章 食卓メニューの特徴 79

食品が健康によいかどうかに関心が高いことを表現する。具体的には，「体によい食品・料理に関心がある」「有機・無農薬野菜を買う」「高くても良い食品を買いたい」「健康食品をよく利用する」からなるとされている。「価格志向」については，食品価格が安いことに関心が高いことを表現する。具体的には，「生鮮の特売があるとよく買う」「安く良い食品を買う努力をする」「加工食品の特売があるとよく買う」「チラシ等で何を買うか決める」からなるとされている。

　モニターは，「合成保存料を使った加工食品は買わない」等それぞれの項目ごとに，「あてはまる」「まああてはまる」「あまりあてはまらない」「あてはまらない」の4段階でアンケート回答している。そこで，「あてはまる」4点，「まああてはまる」3点，「あまりあてはまらない」2点，「あてはまらない」1点として，モニターごとに，安全志向，健康志向，価格志向それぞれの合計点を算出する。次に，志向ごとに合計点の平均値を算出し，平均値より高いモニターを「高い層」，平均値より低いモニターを「低い層」と設定して2グループに分けた。それぞれ，安全志向の高い層102名，低い層92名，健康志向同88名，106名，価格志向同93名，101名となった。

　安全志向，健康志向，価格志向といった食生活志向は，個人や家族の生活や周辺環境に影響されると考えられ，食生活志向と世帯属性とは何らかの関連があると想定される。そこで，食生活志向と世帯属性との関連を観察する。

　食生活志向の高低別に世帯人数等の世帯属性の平均に差があるかどうかを見たのが**表5-1**である。世帯人数とモニターの年齢は実数であることからt検定，モニターの就業形態はカテゴリーデータであることからノンパラメトリックなカイ2乗検定，世帯収入はランクデータであることからノンパラメトリックなMann-Whitney検定を行った。

　世帯収入との関連でみると，「安全志向」「健康志向」「価格志向」のいずれとも有意差が認められた。すなわち世帯収入が高いほどこれら3つの食生活志向も高いことがうかがわれた。次にモニターの年齢との関連では，年齢が高いほど「健康志向」や「価格志向」も高いことがうかがわれた。世帯人

80 第Ⅱ部 食卓メニューの特徴と変化

表5-1 食生活志向と世帯属性との関連

	安全志向	健康志向	価格志向	備　考
世帯人数	2.272** 安全志向の高いモニターの平均世帯人数は3.31人,同低いモニター3.64人。	—	−2.936** 価格志向の高いモニターの平均世帯人数は3.28人,同低いモニター3.64人。	t検定
モニターの年齢	—	−2.481** 健康志向の高いモニターの平均年齢46.2歳,同低いモニター42.7歳。	−2.936*** 価格志向の高いモニターの平均年齢46.5歳,同低いモニター42.4歳。	t検定
モニターの就業形態	—	—	—	ノンパラメトリックなカイ2乗検定
世帯収入	3967* 安全志向の高い方が世帯収入も高い	3704** 健康志向の高い方が世帯収入も高い	3581*** 価格志向の高い方が世帯収入も高い	ノンパラメトリックなMann-Whitney検定

注：1）t検定における数値は等分散を仮定した場合のt値である。
　　2）ノンパラメトリックなMann-Whitney検定における数値はMann-WhitneyのU値である。
　　3）検定結果は，***：1％有意，**：5％有意，*：10％有意を表す。

数との関連では，世帯人数が少ないほど安全志向や価格志向は高いことがうかがわれた。一方モニターの就業形態と3つの食生活志向との関連は見られなかった。

（2）メニュー決定要因

　毎食卓ごとにそのメニューはどのようにして決められているのであろうか。メニュー決定要因は，個別メニューの組み合わせを選択・決定する際の要因や背景を指すものである。具体的にはどのような意識でメニューや調理方法を決めたのかを表現するものである。メニュー決定要因の設定手順は次のとおりである。食MAP（株式会社ライフスケープマーケティングの登録商標）では，毎食事ごとに，「主人の好きな料理」「子供の好きな料理」「自分の好きな料理」「売り場で夕食を何にしようか迷った」「支度に手間のかからない」「食事をさっさとすませられる」「メニューの数が少なくてすむ」「売り場で献立を決めた」「素材に変化やこだわり」「こだわって調理」「買い置きの材料を中心に」「栄養バランスを考えて」「カロリーの少ない料理」の項目についての回答がある。モニターは，自宅で夕食を摂った場合ごとに，前記項目

第5章　食卓メニューの特徴　*81*

表5-2　夕食におけるメニュー決定要因に関する主成分分析結果

	工夫意識	簡便志向	好み重視	売り場重視
主人の好きな料理	0.169	0.061	<u>0.857</u>	0.198
子供の好きな料理	0.109	0.050	<u>0.753</u>	− 0.158
自分の好きな料理	0.205	0.163	<u>0.849</u>	0.176
売り場で夕食を何にしようか迷った	0.000	0.221	0.162	<u>0.737</u>
支度に手間のかからない	0.219	<u>0.827</u>	0.136	0.199
食事をさっさとすませられる	0.107	<u>0.882</u>	0.048	− 0.042
メニューの数が少なくてすむ	0.311	<u>0.814</u>	0.102	0.118
売り場で献立を決めた	0.137	− 0.040	− 0.032	<u>0.837</u>
素材に変化やこだわり	<u>0.850</u>	0.178	0.216	0.004
こだわって調理	<u>0.798</u>	0.152	0.212	− 0.151
買い置きの材料を中心に	0.488	0.132	0.052	0.329
栄養バランスを考えて	<u>0.695</u>	0.096	0.079	0.135
カロリーの少ない料理	<u>0.728</u>	0.193	0.086	0.100
固有値	2.866	2.326	2.189	1.554
寄与率（％）	22.1	17.9	16.8	12.0
累積寄与率（％）	22.1	40.0	56.8	68.8

注：1）手法について，因子抽出法：主成分分析。バリマックス回転後。
　　2）値は主成分負荷量。絶対値0.5以上のものに下線を引いた。

に「はい」か「いいえ」を回答している。

　この回答データからメニュー決定要因を設定する。まず，モニターごと項目ごとに年間に「はい」と答えた回数を合計した。次に，合計回数に基づいて各項目をメニュー決定要因へ集約するため，この合計回数を用いて主成分分析を実施した。累積寄与率が60％以上となるまで主成分項目を抽出した。分析結果を**表5-2**に示す。

　第1主成分は，食卓へのこだわりや健康等に関連する内容なので「工夫意識」と名づけた。第2主成分は，時間や手間を効率化したいという意識に関連する内容なので「簡便志向」と名づけた。ただし，当該志向は調理済み食品の利用と関連があると考えられるので，食品購入段階においても影響を与えている可能性がある。第3主成分は，家族が好きかどうかに関連する内容なので「好み重視」[8)] と名づけた。第4主成分は，売り場で商品を見ながらメニューを決めた，あるいはあらかじめ決めていたメニューを変更した可能性があるので，臨機応変に対応している「売り場重視」と名づけた。

　これら4つの主成分について，主成分得点係数行列に基づいて，各モニタ

82　第Ⅱ部　食卓メニューの特徴と変化

表5-3　メニュー決定要因の高中低別のモニター数

	工夫意識	簡便志向	好み重視	売り場重視	分類方法
高層	79	74	85	76	主成分得点が平均値以上
中層	43	45	88	83	主成分得点が0以上，平均値未満
低層	72	75	21	35	主成分得点が0未満

表5-4　メニュー決定要因と世帯属性との関連

	工夫意識	簡便志向	好み重視	売り場重視	備　考
世帯人数	—	—	—	−4.179*** 売り場重視の高いモニターの平均世帯人数3.7人，同低いモニター3.1人。	t検定
モニターの年齢	−2.124** 工夫意識の高いモニターの平均年齢45.6歳，同低いモニター42.5歳。	−4.225*** 簡便志向の高いモニターの平均年齢46.6歳，同低いモニター40.6歳。	—	—	t検定
モニターの就業形態	—	—	—	—	ノンパラメトリックなカイ2乗検定
世帯収入					ノンパラメトリックなMann-Whitney検定

注：1）t検定における数値は等分散を仮定した場合のt値である。
　　2）検定結果は，***：1％有意，**：5％有意，*：10％有意を表す。

ーの主成分得点を計算し，この計算値に基づいて，各モニターを3つの層（高層，中層，低層）に分類した。分類結果を表5-3に示す。

　工夫意識，簡便志向，好み重視，売り場重視といったメニュー決定要因は個人や家族の生活あるいは周辺環境から形作られる面もあると考えられ，メニュー決定要因と世帯属性とは何らかの関連があると想定される。そこで，メニュー決定要因と世帯属性との関連を観察した。メニュー決定要因は高層，中層，低層の3段階に分類されるが，これを高層と中・低層の2段階に集約して，その高低別に世帯人数等世帯属性の平均に差があるかどうかを見たのが表5-4である。世帯人数とモニターの年齢は実数であることからt検定，モ

第5章　食卓メニューの特徴　　*83*

ニターの就業形態はカテゴリーデータであることからノンパラメトリックな
カイ2乗検定，世帯収入はランクデータであることからノンパラメトリック
なMann-Whitney検定を行った。

　メニュー決定要因はモニターの年齢と関連，すなわちモニターが若いほど
工夫意識や簡便志向が高いことがうかがわれた。若いモニターは食事を楽し
みたいというニーズから工夫意識が高いと推察される。また，食事の準備に
かかる負荷を効率化したいという意識から簡便志向も高いと推察される。若
いモニターは，食事の準備段階ではより効率的に行動したい，また食事の喫
食段階ではより充実したメニューを楽しみたいというニーズを有していると
考えられる。さらに，売り場重視は世帯人数と関連，すなわち世帯人数が少
ないほど売り場重視になりやすいことがうかがわれた。

（3）メニュー決定要因と調理行動

　調理行動実態とは，調理行動，あるいは調理済み食品の購買行動の結果と
して現出する実態である。ここでは，「平日の支度時間」「休日の支度時間」「平
均メニュー数」を取り上げる。

　メニュー決定要因は，個別メニューの選択・決定に影響を及ぼす要因であ
るので，調理行動実態となんらかの関係があると考えられる。そこで，メニ
ュー決定要因の高中低別に調理行動実態を比較した（**表5-5**）。

　メニュー決定要因別にそれぞれの高中低別に平日の支度時間，休日の支度
時間，平均メニュー数がどのように増減するかを観察する。工夫意識につい
ては，同意識が高まると平日の支度時間，休日の支度時間が長くなる傾向が
見られる。調理に対して時間や手間をかけて工夫している様子がうかがえる。
簡便志向については，同意識が高まると休日の支度時間が短くなり，また平
均メニュー数は少なくなる。夕食を簡単にすませようとするとメニュー数は
少なくなると考えられるので実態に即した結果である。また夕食を簡単にす
ませようとすると時間をより自由に使える休日のほうが影響を受けるようで
ある。売り場重視については，同意識が高まると平日の支度時間が長くなり，

84　　第Ⅱ部　食卓メニューの特徴と変化

表5-5　メニュー決定要因の高中低別の調理行動実態

メニュー決定要因		平日の支度時間（分）	休日の支度時間（分）	平均メニュー数
工夫意識	高	46.9	48.2	6.62
	中	45.0	45.0	5.98
	低	44.4	44.0	6.32
簡便志向	高	45.0	44.9	6.02
	中	46.3	45.2	6.48
	低	45.6	47.4	6.63
好み重視	高	45.6	45.6	6.59
	中	45.8	46.6	6.15
	低	44.3	44.3	6.36
売り場重視	高	47.5	46.5	6.88
	中	45.4	47.0	6.15
	低	41.8	42.2	5.75

注：それぞれに該当するモニターの平均値である。

また平均メニュー数も増える。計画的な献立づくりが効率的かつ充実した食卓作りに結びついている可能性がある。

（4）メニュー決定要因と食生活志向

　次に，メニュー決定要因と食生活志向との関連を見る。共分散構造分析を行うことにより，食生活志向からメニュー決定要因にいたる流れを観測変数と潜在変数の関係を観察することによって明らかにする。ここで食生活志向とメニュー決定要因は観測変数として扱う。食卓のイメージ作成に影響を及ぼす食生活志向から個々のメニューの決定に影響を及ぼすメニュー決定要因が形成されるが，その間にメニューの具体化に関する潜在要因が介在しているという仮説を設定する。このように設定した場合，モデルの形式としてMIMICモデル，すなわち観測変数→潜在変数→観測変数となる流れを採用することが適切である。ここで，モニターごとの食生活志向の値は，アンケートの回答結果から得た値（本章1．（1）を参照）を用い，メニュー決定要因の値は主成分得点（主成分分析結果については，**表5-2**参照）を用いる。

　まず，観測変数と潜在変数の間をパスでもれなく結ぶ形状について共分散構造分析を実施したところ，潜在変数を抽出することができなかった。そこでパスの絞込みを行うこととし，2つのモデルを試作してみた[9]。

1つめのモデルは，メニュー決定要因のうち，工夫意識と簡便志向は相反する意識であると想定しこれらを単独の潜在変数と関係する観測変数とするものである。モデルの適合性を表すGFIは0.92であり，おおむね適合していると判断してよい0.9以上の適合度を得た。ただし，自由度7でカイ2乗値は65.37であり95％点で有意でなかった。

　潜在変数は食生活志向とメニュー決定要因を結びつけるメニュー構成意識を表すと考えることができる。1つめの潜在変数は安全・価格・健康志向いずれからもパス係数が正の値となっているのでメニューバランス意識と名づけ，2つめの潜在変数は価格志向に対して正のパス係数，健康志向に対して負のパス係数となっているので節約意識と名づける。またパス係数の絶対値の大きさを見ると健康志向は安全・価格志向より小さい。次に，メニュー決定要因の項目である工夫意識はメニューバランス意識で説明される。これは，ビタミンやミネラル等の栄養バランスを重視していることを反映していると考えられる。一方，簡便志向は節約意識で説明される。食品購入で価格に意識が高い層はメニュー構成の効率性を追求し，メニュー決定要因においても効率性を達成できる簡便性を重んじるようである。パス係数の絶対値を見ると，食生活志向では安全志向と価格志向，メニュー決定要因では工夫意識と簡便志向が相対的に大きな値となった。

　2つめのモデルは，メニュー決定要因のうち，好み重視と売り場重視は相反する意識であると想定し，これらを単独の潜在変数と関係する観測変数とするものである。モデルの適合性を表すGFIは0.92であり0.9以上の適合度を得た。ただし，自由度7でカイ2乗値は64.93であり95％点で有意でなかった。

　当該モデルの場合，1つめの潜在変数は価格・安全志向いずれからもパス係数が負，健康志向からのパス係数が正の値となっているので，健康偏重意識と名づける。2つめの潜在変数は安全志向に対して正，健康志向に対して負のパス係数となっているので食材こだわり意識と名づける。次にメニュー決定要因の項目である工夫意識は食材こだわり意識で主に説明される。これは食材にこだわったメニューづくりが行われていることを反映していると考

86 　第Ⅱ部　食卓メニューの特徴と変化

えられる。一方，簡便志向は健康偏重意識から正，食材こだわり意識から負
の影響を受けている。これは健康偏重意識によって，簡単なメニューで脂肪
分や糖分の摂取を抑制しようという意識が反映していると考えられる。パス
係数の絶対値をみると，食生活志向では安全志向と価格志向，メニュー決定
要因では工夫意識と簡便志向が相対的に大きな値となった。

（5）統合的な調理行動モデルの作成

　食生活志向とメニュー決定要因との関連を探る共分散構造分析で得られた
結果に基づいて，食生活志向では安全志向と価格志向，メニュー決定要因で
は工夫意識と簡便志向が相対的に大きな影響力をもっていることがうかがわ
れた。そこでこれらを観測変数に採用し，共分散構造分析によって調理行動
実態と自宅での夕食回数，多頻度出現メニュー数（年間100回以上出現して
いるメニュー。詳細は本章2．（3）参照），多頻度同時出現メニューペア数
（1回の夕食に同時に出現するメニューのうち，年間100回以上出現している
2つのメニュー。詳細は本章2．（3）参照）を表すモデルを作成した。モ
デルの形式としてMIMICモデル，すなわち観測変数→潜在変数→観測変数
となる流れを採用した。

　分析結果で得られたモデルは**図5-1**に示すとおりである。モデルの適合性
を表すGFIは0.98であり，高い適合度を示した。また，自由度12でカイ2乗
値は20.73であり95％点で有意であった。

　潜在変数は食卓のイメージ作りに必要な能力を表す。食物を作る行動の第
一階層は「作ろうとする食事のイメージを描く」と「イメージを具体的な食
物に表現する」の2つからなり，また前者については，「必要な情報を集める」
と「情報を再編成し望ましい食事像を描く」の2つからなるといわれてい
る[10]。これに基づいて，人間の食事作り行動において必要な能力は，「食卓
のイメージ作りのための情報収集力（以下情報収集力と呼ぶ）」「食卓のイメ
ージ作りのための構想力（以下構想力と呼ぶ）」「食卓イメージの具体化力（以
下具体化力と呼ぶ）」の3つであると整理される。そこでこれらを潜在変数

第5章　食卓メニューの特徴

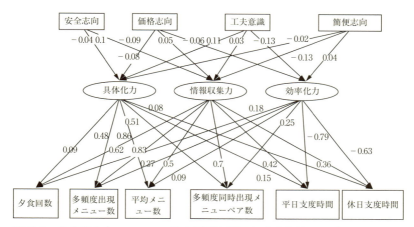

図 5-1　食生活志向・メニュー決定要因と調理行動実態等のモデル

注：1）多頻度出現メニュー数とは，家庭で年間 100 回以上出現しているメニューの数である。
　　2）多頻度同時出現メニューペア数とは，家庭で年間 100 回以上同時に出現しているメニューペア（2つのメニューの組み合わせ）の数である。

に当てはめてみる。パス係数をみると，1つめの潜在意識は工夫意識から正，価格志向から負の影響を受けており，購入した食材を調理することに関連することから，食卓イメージをメニューへ具体化する力を現す具体化力と考えられる。2つめの潜在変数は簡便志向から負，安全志向から正の影響を受けていることから，食材の安全に関する情報を取り入れ吟味しようとしている情報収集力であると考えられる。3つめの潜在変数は工夫意識と安全志向から負の影響を受け簡便志向から正の影響を受けていることからメニューの組み合わせを構想する（望ましい食事像を描く）際，単純化・簡易化をめざしていく効率化力であると考えられる。

次に調理行動実態等との関連性を探る。夕食回数は情報収集力によって主に説明される。多頻度出現メニュー数は情報収集力と具体化力によって主に説明される。平均メニュー数は具体化力と情報収集力によって主に説明される。とくに具体化力のパス係数が大きくなっており，食卓イメージに基づいてメニューへ具体化する力があるとメニュー数も増えることが示唆される。

88　第Ⅱ部　食卓メニューの特徴と変化

多頻度同時出現メニューペア数は情報収集力と具体化力によって主に説明される。平日の支度時間と休日の支度時間は効率化力によって主に説明される。すなわち，食卓の全体構成を効率的に考えることは支度時間に影響を与えることが示唆された。この結果は，売り場重視的であるモニターほど平日の支度時間が長くなることと整合性のある結果である。

2．食卓メニューの出現状況

（1）食卓メニューの出現頻度

　食MAP（株式会社ライフスケープマーケティングの登録商標）に基づいて，1,008分類ベースで夕食メニューの出現頻度を見てみよう（**表5-6**）。上位10メニューは，①ご飯，②味噌汁，③緑茶・煎茶・番茶，④麦茶，⑤ビール，⑥ミックス野菜サラダ，⑦納豆，⑧牛乳，⑨焼酎，⑩魚介の刺身・たたきである。ここで，飲料をメニューに含めている理由は，自宅で青果物等からフレッシュジュースを作ることもあるなどメニューのひとつとして役割を果たしていると考えたからである。32メニュー（全体の3.2%のメニュー数。**表5-6**において，「鶏肉の唐揚げ」まで）で全体の約50%を占める。また188メニュー（全体の18.6%のメニュー数）で全体の80%を占める。このように出現メニューは集中しているといえる。個別メニューをみると，和風系のメニューや飲料（緑茶・煎茶・番茶，麦茶，牛乳，ウーロン茶，ミネラルウォーター，ほうじ茶，その他の中国茶）が多く登場しているが，中華系では野菜炒め，焼き餃子，洋風系ではハンバーグが登場している程度である。全体を俯瞰的に見ると，夕食は和風中心となっていることがうかがわれた。

　メニュー出現の大まかな傾向をとらえるため，59分類に集約した（**表5-7**）。出現頻度の上位10メニューは，①飲料，②ご飯類，③野菜の煮物等，④アルコール，⑤味噌汁等，⑥漬物，⑦サラダ，⑧魚の煮物等，⑨単品生野菜，⑩生の果物である。飲料がトップとなっているが，これは，小分類ベースで見ると飲料には，③緑茶・煎茶・番茶，④麦茶，⑧牛乳が含まれている

第 5 章 食卓メニューの特徴 89

表 5-6 夕食メニューの出現頻度 (1,008 分類)

メニュー名	出現頻度	シェア (%)	累積シェア (%)
ご飯	172.0	9.2	9.2
味噌汁	98.6	5.3	14.5
緑茶・煎茶・番茶	88.4	4.7	19.2
麦茶	76.2	4.1	23.3
ビール	73.2	3.9	27.2
ミックス野菜サラダ	41.4	2.2	29.4
納豆	30.7	1.6	31.1
牛乳	30.0	1.6	32.7
焼酎	27.0	1.4	34.1
魚介の刺身・たたき	23.3	1.2	35.4
冷奴	20.2	1.1	36.5
野菜のおひたし	18.5	1.0	37.4
ウーロン茶	16.7	0.9	38.3
野菜炒め	16.3	0.9	39.2
ぬか漬け	16.1	0.9	40.1
浅漬け・一夜漬け	15.5	0.8	40.9
トマト	14.5	0.8	41.7
たくわん漬け	12.8	0.7	42.4
キムチ・カクテキ	12.6	0.7	43.0
魚の塩焼き	11.9	0.6	43.7
日本酒	11.8	0.6	44.3
みかん	11.5	0.6	44.9
ミネラルウオーター	11.4	0.6	45.5
焼き餃子	11.1	0.6	46.1
魚の干物の焼き物	10.7	0.6	46.7
りんご	10.3	0.6	47.3
ほうじ茶	9.5	0.5	47.8
ポテトサラダ	8.9	0.5	48.2
かぼちゃの煮物・含め煮	8.8	0.5	48.7
白菜漬け	8.8	0.5	49.2
茹でブロッコリー	8.6	0.5	49.6
鶏肉の唐揚げ	8.5	0.5	50.1
ポークカレーライス	7.6	0.4	50.5
塩鮭の焼き物	7.5	0.4	50.9
もずく・めかぶの酢の物	7.5	0.4	51.3
茹で枝豆	7.4	0.4	51.7
和風鍋	7.0	0.4	52.1
その他の中国茶	7.0	0.4	52.5
キャベツ	6.9	0.4	52.8
ハンバーグ	6.7	0.4	53.2

注：1）出現頻度は，各モニターごとにメニューの年間の出現頻度を集計し，それをモニ
ター数で除したものである。
　　2）シェアは，1,008メニューの出現頻度合計に対する当該メニューの出現頻度の割合
である。
　　3）累積シェアは，メニューの集中度合いを見るために掲載した。

ためである。すなわち，たとえば1回の食事で麦茶と牛乳の両方が登場した
場合，飲料の出現頻度は「2」とカウントしていることから，飲料の好みが
個人個人で異なる家庭では飲料の出現頻度が増えることとなる。夕食におい
て，モニター年間平均出現頻度が100回以上では6メニュー，同50回以上で

90   第Ⅱ部　食卓メニューの特徴と変化

表5-7　夕食メニューの出現頻度（59分類）

メニュー名	出現頻度	シェア（％）	累積シェア（％）
飲料	286.7	15.4	15.4
ご飯類	265.6	14.2	29.6
野菜の煮物等	136.7	7.3	36.9
アルコール	129.7	6.9	43.8
味噌汁等	116.3	6.2	50.1
漬物	107.1	5.7	55.8
サラダ	89.4	4.8	60.6
魚の煮物等	75.7	4.1	64.6
単品生野菜	65.4	3.5	68.1
生の果物	61.0	3.3	71.4
ひき肉料理	40.6	2.2	73.6
納豆・のり	36.0	1.9	75.5
豆腐料理	33.1	1.8	77.3
豚肉料理	32.5	1.7	79.0
刺身類	32.0	1.7	80.7
鶏肉料理	29.9	1.6	82.3
スープ	21.4	1.1	83.5
ケーキ・お菓子	21.2	1.1	84.6
カツ・フライ	20.8	1.1	85.7
おでん・鍋	20.2	1.1	86.8

注：1）出現頻度は，各モニターごとにメニューの年間の出現頻度を集計し，それを
モニター数で除したものである。
　　2）シェアは，59メニューの出現頻度合計に対する当該メニューの出現頻度の
割合である。
　　3）累積シェアは，メニューの集中度合いを見るために掲載した。

は10メニュー，同30回以上では16メニュー，同20回以上では21メニュー，同
10回以上では31メニューが該当した。飲料から味噌汁等までの上位5メニュ
ーで出現頻度合計の約50％，上位10メニューで同約71％を占める。飲料とご
飯類が高い出現頻度になっていることが確認された。また，野菜の煮物等，
味噌汁等，漬物，サラダ，単品生野菜では，野菜が利用される場合が多いこ
とから，野菜は家庭の夕食で重要な役割を果たしていることがうかがわれ
た[11]。味噌汁等の出現頻度はご飯類の43.8％であることから，味噌汁等は夕
食の必須メニューとなっていない。野菜の煮物等は味噌汁等とほぼ同程度の
出現頻度となっていることから，和風料理の定番となっている可能性がある。
　自宅での夕食回数は，年平均287.5回であることから，飲料とご飯類はほ
ぼ毎回登場している。また，魚料理では，魚の煮物等，刺身類の合計で，

107.7回の出現頻度、肉料理では、ひき肉料理、豚肉料理、鶏肉料理の合計で、103.0回の出現頻度となっており、魚料理と肉料理は両方ともおおむね3日に1回の割合で登場していることが観察された[12]。ここで、上記合計はそれぞれが同時に食卓に登場しないと仮定した場合であり、実態はより少ないと考えられる。ただし、現実的には魚の煮物等と刺身類を同時に、あるいはひき肉料理と豚肉料理、鶏肉料理を同時に登場させるようなメニュー構成を考えることは、メニューの組み合わせ面から見て少ないのではないかとも想定される。日本型食卓の特徴として、魚料理と肉料理がほぼ同じ出現頻度となっていることが浮かび上がった。魚料理の内訳を見ると煮物等が刺身類のおおむね2倍の出現頻度となっており、肉料理の内訳を見るとひき肉料理、豚肉料理、鶏肉料理の3メニューがほぼ同じ程度の出現頻度となっている。

(2) 自宅での夕食回数と平均メニュー数との関連

年あたり自宅での夕食回数のモニター平均は287.5回、夕食1回あたりの年平均メニュー数のモニター平均は6.4メニューであった。

自宅での夕食回数が多いほど、夕食に気をつかってメニュー数も多くなるということがあるかどうかを検証するため、この関連性を観察する。そこで、モニターごとに、自宅での夕食回数と平均メニュー数をプロットしたのが図5-2である。自宅での夕食回数にかかわらず、平均メニュー数のバラツキは

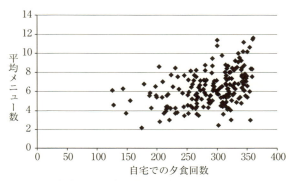

図5-2 自宅での夕食回数と平均メニュー数

大きい傾向が見られた。単回帰分析で相関係数を見たところ，0.4であったことから，自宅での夕食回数とメニュー数との明確な関連を確認することはできなかった。

（3）多頻度出現メニュー数，多頻度同時出現メニューペア数のモニター分布

　一般的に毎日の献立を考えることは，容易ではなく，各家庭には定番メニューが存在するであろう。これを探るため，まず各家庭の定番メニューとして，多頻度出現メニューを家庭で年間100回以上出現しているメニューと定義する。ここで，年間100回以上登場したメニューを多頻度出現メニューとした理由は，概ね週2回以上出現しているメニューは定番メニューとしてその家庭に定着しているメニューとみなしてもよいのではないか，と想定したことによる。多頻度出現メニュー数のモニター平均を見たところ，5.1であった。図5-3は，多頻度出現メニュー数のヒストグラムである。なお，多頻度出現メニュー数が0のモニターは存在しない。図から，30人以上のモニターが該当する多頻度出現メニュー数は3，4，6であること，及び形状はM字型であることが観察された。また，多頻度出現メニュー数2のモニター数の割合は11.9％，同3では15.5％，同4では15.5％，同5では10.8％，同6では16.0％，同7では11.9％といったように多頻度出現メニュー数別に見たモニ

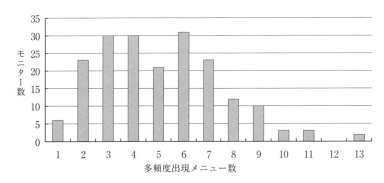

図5-3 多頻度出現メニュー数別モニター数

第5章　食卓メニューの特徴　　93

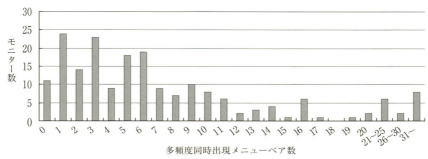

図5-4　多頻度同時出現メニューペア数別モニター数

ターの分布のバラツキは大きいこと，すなわちモニター毎の定番メニューの出現状況は多様であることがうかがわれた。

夕食におけるメニューペア（1回の夕食に同時に出現する2つのメニュー）について，多頻度同時出現メニューペアを家庭で年間100回以上同時に出現しているメニューペアと定義し，そのモニター平均を見たところ7.7であった。**図5-4**は，多頻度同時出現メニューペア数別に見たモニターのヒストグラムである。同図は凹凸のある分布であることから，多頻度同時出現メニューペア数は，モニターの特性を反映して決定されていると推測される。

多頻度出現メニュー数と多頻度同時出現メニューペア数は，食卓のイメージ作りに必要な情報収集力と具体化力によって主に説明される（**図5-1参照**）ことから，これら能力の組み合わせは多様であると考えられる。

（4）多頻度出現メニュー数と平均メニュー数，自宅での夕食回数

図5-5は，夕食1回あたりの平均メニュー数と多頻度出現メニュー数の関係を見たものである。図から平均メニュー数が多くなれば，多頻度出現メニュー数も多くなる傾向が見られた。

そこで単回帰分析を実施したところ，相関係数は0.85となり正の相関があることが確認された。この場合，単回帰式の傾きは1.11であったことから，平均メニュー数が1つ増えると，多頻度出現メニュー数は1つ以上増えるこ

とがわかった。すなわち，食卓にのぼる平均メニュー数が多い家庭では多頻度出現メニューの登場機会が多くなることがうかがわれた。

図5-6は，自宅での夕食回数と多頻度出現メニュー数の関係を見たものである。図から自宅での夕食回数が多くなれば，多頻度出現メニュー数も多くなる傾向が見られた。

そこで単回帰分析を実施したところ，相関係数は0.6となり正の相関があることが確認された。したがって，自宅での夕食機会が多くなればなるほど，多頻度出現メニュー数も増えていく可能性がある。

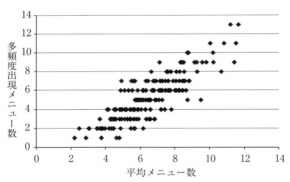

図5-5　平均メニュー数と多頻度出現メニュー数

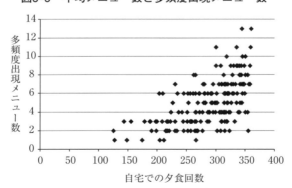

図5-6　自宅での夕食回数と多頻度出現メニュー数

（5）食卓メニューの月別曜日別変動

1）食卓メニュー数の月別曜日別変動

　本項では，食卓は曜日や季節の影響を受けていると仮定し，その特性を探る。まず，家庭での夕食におけるメニュー数について，その月別変動，曜日別変動を見る。

　図5-7は，夕食のメニュー数の月別変動を見たものである。なお，家庭で夕食を摂った日を対象として集計したものである。2006年においては，1月から8月にかけてメニュー数は増大し8月から12月にかけて減少する傾向が

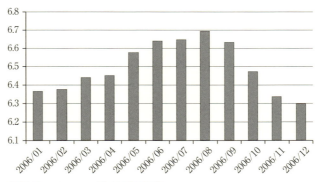

図5-7　メニュー数の月別変動

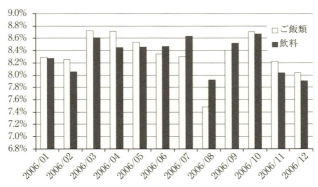

図5-8　ご飯類と飲料の出現頻度合計の月別割合

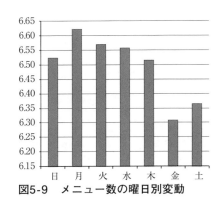
図5-9 メニュー数の曜日別変動

見られた。月別に見ると1年にひとつの周期が存在している。ここで，8月に平均メニュー数が多いことがうかがわれたが，その背景を探るため，出現頻度の多いメニューであるご飯類と飲料の月別分布を見てみる。図5-8は，当該メニューの出現頻度の月別割合である。図より，8月においては2つのメニューとも出現頻度が多いとはいえないことがうかがわれる。したがって，2006年において8月にメニュー数が多いのは，暑さのため，少量単位のバラエティー性のあるメニュー構成になっていることによるのではないかと推測される。

次に，図5-9は夕食のメニュー数の曜日別変動を見たものである。なお，家庭で夕食を摂った日を対象として集計したものである。月曜日から金曜日にかけて減少し，金曜日から月曜日にかけて増加する傾向が見られた。曜日によるパターンが存在することは生活スタイルがメニュー数に影響を与えていることを示唆している。本データだけで断定はできないが，金曜日にはイベントに参加したりアルコールを飲む機会が多く，このような状況においては自宅での夕食を簡単なメニューで済ませていることが背景にあるかもしれない。

2）家庭での夕食回数の月別曜日別変動

家庭での夕食回数について，その月別変動，週別変動を見る。

まず，図5-10は月別変動を見たものである。月別変動の指標は，日ごとに自宅で夕食を摂ったモニター数を合計し，月ごとにその平均値を算出した。月別変動を見ると8月に夕食回数が少ない。これは暑さや行楽による影響ではないかと推測される。なお，図5-7では8月にメニュー数が多くなってい

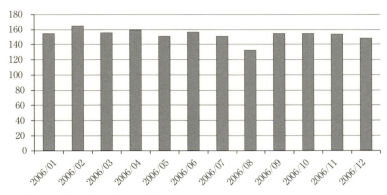

図5-10　自宅での夕食回数の月別変動
注：縦軸は，1日あたりで，194モニターのうち家庭で夕食を摂ったモニター数を表す。

るが，同図では自宅で夕食を摂っている日を対象に集計しているので，8月に自宅で夕食を摂っている場合にはメニュー数が多くなる傾向が見られることを表している。

次に，**図5-11**は曜日別変動を見たものである。曜日別変動の指標は，日ごとに自宅で夕食を摂ったモニター数を合計し，曜日ごとにその

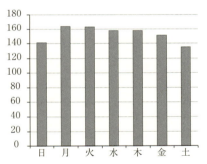

図5-11　自宅での夕食回数の曜日別変動
注：縦軸は，1日あたりで，194モニターのうち家庭で夕食を摂ったモニター数を表す。

平均値を算出したものである。土曜日，日曜日に夕食回数が少ない。これは休日にはゆっくりと外食を楽しみたいという意向やレジャーに出かける機会が多いことを反映しているのではないかと推測される。

夕食回数とメニュー数を総合的に見ると，月別では8月は他の月と比べて自宅での夕食回数が少ないが，自宅で夕食を摂った場合にはメニュー数は豊富であるといった特徴が見られた。週別では土曜日は他の曜日と比べて自宅での夕食回数が少なく，自宅で夕食を摂った場合にメニュー数も少ないといった特徴が見られた。自宅での夕食の頻度とメニュー数は，月や週の影響を

98   第Ⅱ部   食卓メニューの特徴と変化

受けていることがうかがわれた。曜日によるパターンが存在するということは，生活スタイルが自宅で夕食を摂るかどうかに影響を与えていることを示唆している。

（6）食卓メニューの出現と世帯属性等との関連

1）個別メニューの出現頻度と世帯属性等との関連

　自宅での夕食メニューはモニターや家族の意向を反映して決められるので，個別メニューの出現頻度は，世帯属性，食生活志向，メニュー決定要因と関連があると想定される。

　まず，メニューの出現頻度と世帯属性との関連を見る。ここで世帯属性として代表的な指標である世帯人数とモニターの年齢をとりあげた。世帯人数に関して相関の検定で1％水準で有意となったメニューについて，ピアソンの相関係数を**表5-8**に示す。全体的に相関係数が低く，メニュー出現と世帯人数との関連は弱いと考えられる。

表5-8　メニュー出現と世帯人数との関連

メニュー名	ピアソンの相関係数	メニュー名	ピアソンの相関係数	メニュー名	ピアソンの相関係数
ご飯類	0.21	シチュー	0.21	飲料	0.21
スパゲッティ	0.26	ひき肉料理	0.23	—	—
スープ	0.21	珍味	-0.22	—	—

表5-9　メニュー出現とモニターの年齢との関連

メニュー名	ピアソンの相関係数	メニュー名	ピアソンの相関係数	メニュー名	ピアソンの相関係数
スパゲッティ	-0.29	えび料理	0.24	チーズ	0.19
ピザ等	-0.22	いか料理	0.29	珍味	0.27
天ぷら	0.27	たこ料理	0.22	漬物	0.44
カツ・フライ	0.21	貝料理	0.32	佃煮	0.32
おでん・鍋	0.24	かまぼこ・ちくわ等	0.26	果物	0.3
牛肉料理	0.35	豆腐料理	0.23	アルコール	0.3
豚肉料理	0.22	野菜の煮物等	0.34	離乳食	-0.23
刺身類	0.4	単品生野菜	0.19	—	—
魚の煮物等	0.37	海草料理	0.22	—	—

第5章　食卓メニューの特徴　99

　モニターの年齢に関して相関の検定で1％水準で有意となったメニューについて，ピアソンの相関係数を**表5-9**に示す。全体的に相関係数が高いとはいえないが，漬物，刺身類は0.4以上の相関係数を示した。22個のメニューで，年齢とともにその出現頻度が増大していることが観察された。これら22メニューのうち9メニューはその出現頻度が全59メニュー中上位20位以内に登場しているメニューであることから，モニターの年齢が上がるとともにこれら出現頻度の高いメニューが増えていくことによって，食卓に出現するメニューの固定化が進行していく可能性がある。

　次に，**表5-10**は，メニュー出現頻度と食生活志向との関連を見たものである。各食生活志向の高低で，メニューの出現頻度の平均に差があるかどうかのt検定を行った。生の果物は健康志向の程度と1％有意水準で関係が見られることから，果物は健康食品として認識されていることがうかがわれる。

　さらに，**表5-11**は，メニューの出現頻度とメニュー決定要因の関連を見

表5-10　メニュー出現と食生活志向との関連

食生活志向	メニュー名	関連性	
安全志向	スパゲッティー	1.7*	安全志向の高い方が出現頻度は小さい
	ラーメン類	1.694*	安全志向の高い方が出現頻度は小さい
	スープ	−2.015**	安全志向の高い方が出現頻度は大きい
	シチュー	1.815*	安全志向の高い方が出現頻度は小さい
	おでん・鍋	1.759*	安全志向の高い方が出現頻度は小さい
	ヨーグルト等	1.876*	安全志向の高い方が出現頻度は小さい
	作り置き	−1.794*	安全志向の高い方が出現頻度は大きい
健康志向	コロッケ	1.876*	健康志向の高い方が出現頻度は小さい
	佃煮・そぼろ	−1.809*	健康志向の高い方が出現頻度は大きい
	生の果物	−3.038***	健康志向の高い方が出現頻度は大きい
価格志向	ピザ等軽食類	1.855**	価格志向の高い方が出現頻度は小さい
	シチュー	2.009**	価格志向の高い方が出現頻度は小さい
	グラタン	1.786*	価格志向の高い方が出現頻度は小さい
	ひき肉料理	2.083**	価格志向の高い方が出現頻度は小さい
	ソーセージ	2.34**	価格志向の高い方が出現頻度は小さい
	かまぼこ・ちくわ等	1.85*	価格志向の高い方が出現頻度は小さい
	豆腐料理	−1.915*	価格志向の高い方が出現頻度は大きい
	佃煮・そぼろ	−2.191**	価格志向の高い方が出現頻度は大きい

注：1）関連性では，***：1％有意，**：5％有意，*：10％有意を示す。
　　2）数値は等分散を仮定した場合のt値である。

100　第Ⅱ部　食卓メニューの特徴と変化

表5-11　メニュー出現とメニュー決定要因との関連

メニュー決定要因	メニュー名	関連性	
工夫意識	ラーメン類	1.687*	工夫意識の高い方が出現頻度は小さい
	ピザ・お好み焼き等	1.523*	工夫意識の高い方が出現頻度は小さい
	おでん・鍋	1.899*	工夫意識の高い方が出現頻度は小さい
	焼肉	2.091**	工夫意識の高い方が出現頻度は小さい
	野菜の煮物等	− 2.557**	工夫意識の高い方が出現頻度は大きい
簡便志向	スパゲッティー	− 3.525***	簡便志向の高い方が出現頻度は大きい
	冷麺等	− 2.201**	簡便志向の高い方が出現頻度は大きい
	ピザ・お好み焼き等	− 2.018**	簡便志向の高い方が出現頻度は大きい
	牛肉料理	3.408***	簡便志向の高い方が出現頻度は小さい
	豚肉料理	2.348***	簡便志向の高い方が出現頻度は小さい
	その他の肉料理	1.63*	簡便志向の高い方が出現頻度は小さい
	刺身類	2.285**	簡便志向の高い方が出現頻度は小さい
	魚の煮物等	2.674***	簡便志向の高い方が出現頻度は小さい
	いか料理	2.221**	簡便志向の高い方が出現頻度は小さい
	豆腐料理	1.565*	簡便志向の高い方が出現頻度は小さい
	野菜の煮物等	2.969***	簡便志向の高い方が出現頻度は小さい
	和風洋風等珍味	1.937**	簡便志向の高い方が出現頻度は小さい
	漬物	2.81**	簡便志向の高い方が出現頻度は小さい
	佃煮・そぼろ	2.633***	簡便志向の高い方が出現頻度は小さい
	生の果物	1.683*	簡便志向の高い方が出現頻度は小さい
	アルコール	2.517**	簡便志向の高い方が出現頻度は小さい
	離乳食	− 1.774*	簡便志向の高い方が出現頻度は大きい
好み重視	ラーメン類	− 2.045**	好み重視の高い方が出現頻度は大きい
	ソーセージ	− 1.78*	好み重視の高い方が出現頻度は大きい
	その他の肉料理	− 1.822*	好み重視の高い方が出現頻度は大きい
	飲料	− 1.802*	好み重視の高い方が出現頻度は大きい
売り場重視	うどん・そば	1.791*	売り場重視の高い方が出現頻度は小さい
	おでん・鍋	2.265**	売り場重視の高い方が出現頻度は小さい
	ベーコン	− 2.042*	売り場重視の高い方が出現頻度は大きい
	魚の煮物等	− 2.757***	売り場重視の高い方が出現頻度は大きい
	いか料理	− 2.542**	売り場重視の高い方が出現頻度は大きい
	貝料理	− 2.306**	売り場重視の高い方が出現頻度は大きい
	かまぼこ・ちくわ等	− 2.018**	売り場重視の高い方が出現頻度は大きい
	豆腐料理	− 2.448**	売り場重視の高い方が出現頻度は大きい
	油揚げ	− 2.617**	売り場重視の高い方が出現頻度は大きい
	単品生野菜	− 1.976**	売り場重視の高い方が出現頻度は大きい
	海草料理	− 1.657*	売り場重視の高い方が出現頻度は大きい
	和風洋風珍味	− 2.973***	売り場重視の高い方が出現頻度は大きい
	漬物	− 2.1**	売り場重視の高い方が出現頻度は大きい
	納豆・のり	− 1.896*	売り場重視の高い方が出現頻度は大きい
	佃煮・そぼろ	− 2.655***	売り場重視の高い方が出現頻度は大きい
	飲料	− 2.036**	売り場重視の高い方が出現頻度は大きい

注：1）関連性では，＊＊＊：1％有意，＊＊：5％有意，＊：10％有意を示す。
　　2）数値は等分散を仮定した場合のt値である。

たものである。メニュー決定要因ごとにその高低でメニューの出現頻度の平均に差があるかどうかのt検定を行った。なお，メニュー決定要因は，3段階に分類されているが，ここでは，高層と中・低層の2段階に集約した。

　t検定を行った結果，食生活志向と比較すると，メニュー決定要因はより多くのメニューで関連性を有しており，メニュー決定要因のほうがメニュー選択へより直接的に影響を与えていることがうかがわれた。メニュー決定要因の4項目を比較すると，簡便志向でメニューを決定しようとする場合，あるいは売り場重視となってしまう場合，特定のメニューとの関連性が強くなる傾向が見られる。簡便志向と有意に関連のあるメニューのうち8メニューは全59メニュー中出現頻度の上位20位以内に登場していることから，簡便志向は日々のメニュー決定において重要な要因となっている可能性がある。さらに，簡便志向が高くなると，当該8メニューの出現頻度は小さくなるので，それらに用いられる食材に対する需要も減ることとなる。一方，売り場重視と有意に関連のあるメニューのうち7メニューは全59メニュー中出現頻度の上位20位以内に登場していることから，売り場重視は日々のメニュー決定において重要な要因となっている可能性がある。とくに売り場重視になると出現頻度が大きくなるメニューが多く存在することから，メニューを売り場で検討したり決定したりすると，メニュー数は増えていく。以上の通り，メニュー決定要因とメニュー数の関連を見ると，夕食準備時において簡便志向が高まるとメニュー数は減少し，一方売り場重視が高まるとメニュー数は増大することがうかがわれた。

　メニュー決定要因と関連のあるメニューの中で，出現頻度の多いメニューについて，その選択行動の背景を考察する。飲料は好み重視であるほど，売り場重視であるほど，出現頻度は大きい。これは飲料の種類の豊富さによると推測される。野菜の煮物等は工夫意識が高く簡便志向が低いほど出現頻度は大きい。これは当該料理が多くの食材を必要とし，また調理の手間を要すると考えられていることによると推測される。漬物，魚の煮物等，納豆・のり，豆腐料理は，簡便志向が低く売り場重視であるほど出現頻度は大きい。

102   第Ⅱ部   食卓メニューの特徴と変化

和風のおかずは手間をかけようとして，メニューに迷っているときに選択されているようである。おでん・鍋は，工夫意識が低く売り場重視でないほど出現頻度は大きい。これは，当該メニューの調理過程は単純で，またその食材の多くはあらかじめ決められているので計画的に食材を購入しなければならないことによると推測される。

２）メニューグループと食生活志向，メニュー決定要因との関連

　ここでは，個別メニューの間には何らかのグループ性があると仮定し，これを個別メニューの間に潜在的に意識共有されるメニューグループとして特定する。さらに特定されたメニューグループと食生活志向，メニュー決定要因との関連を探る。

　まず，個別メニューの間に潜在的に意識共有されるメニューグループを特定する。このため59分類ベースでメニューのモニター年間平均出現頻度が20以上のメニュー（**表5-7**に示されているメニューに卵料理を加えた）を対象として因子分析を実施した。ここでモニター年間平均出現頻度を20以上と設定したのはおおむね全体の半分程度のメニューを網羅したいと考えたからである。これら21メニューについてモニターごとの年間出現頻度を用いて因子分析を行った。**表5-12**は因子分析の結果である。スクリープロットの図より6つの因子を抽出した。

　6つの因子は，それぞれに該当する変数を見ることによって，肉料理，添え物，和風おかず，ミックス，卵料理，豆腐料理と命名された。添え物は他のおかずとの相性がよいことを表現したものである。和風おかずは野菜の煮物等や魚の煮物等和風調味料が用いられる場合が多いことを表現したものである。ここで，野菜の煮物等の内訳を見ると，野菜炒め，野菜の生もの，野菜の和風酢のもの・おひたし・和えもの・蒸しもの等野菜の和風煮もの，野菜の和風焼きもの・揚げもの・炒めもの，野菜の洋風料理・中華風料理からなり，和風のものが多い。また，魚の煮物等の内訳を見ると，魚の和風焼きもの，魚の和風煮もの・揚げもの，魚の和風蒸しもの・酢のもの等魚の洋風・

第5章　食卓メニューの特徴　　103

表 5-12　メニュー出現頻度を用いた因子分析結果

	肉料理	添え物	和風おかず	ミックス	卵料理	豆腐料理
ご飯類	0.649	0.436	0.287	0.012	0.228	0.014
ひき肉料理（ハンバーグ，餃子等）	0.597	0.059	0.204	-0.022	0.278	0.004
鶏肉料理（から揚げ等）	0.513	-0.182	0.011	0.413	0.285	0.16
生の果物	0.023	0.598	0.094	0.088	-0.029	0.088
味噌汁等	0.29	0.51	0.117	-0.049	0.139	0.193
野菜の煮物等	0.116	0.131	0.838	0.086	0.155	0.144
魚の煮物等	0.28	0.37	0.513	0.273	0.057	0.097
おでん・鍋	0.147	0.053	-0.029	0.639	-0.028	-0.005
刺身類	0.018	0.141	0.175	0.627	0.181	0.056
卵料理	0.169	0.12	0.083	0.092	0.762	0.079
豆腐料理	0.141	0.258	0.137	0.121	-0.042	0.774
カツ，フライ	0.39	0.123	0.039	0.263	0.203	0.186
ケーキ，お菓子	-0.083	0.444	-0.068	0.17	0.125	0.215
スープ	0.395	0.04	-0.059	-0.045	-0.112	0.012
豚肉料理	0.471	-0.069	0.405	0.216	0.06	0.056
納豆・のり	0.019	0.33	0.11	-0.015	0.393	0.393
単品生野菜	0.087	0.147	0.277	0.275	0.404	-0.132
サラダ	0.335	0.068	0.082	0.232	0.235	0.292
漬物	-0.028	0.419	0.404	0.32	0.172	0.041
アルコール	-0.119	0.034	0.287	0.485	0.02	0.148
飲料	0.267	0.394	0.211	-0.048	0.227	-0.082
固有値	5.44	1.842	1.802	1.368	1.239	1.066
負荷量平方和	2.031	1.788	1.729	1.703	1.401	1.081
寄与率	9.674	8.524	8.233	8.108	6.673	5.148
累積寄与率	9.674	18.198	26.431	34.539	41.212	46.36

注：分析手法は，因子抽出法（主因子法）。バリマックス回転後。

中華風料理からなり，和風のものが多い。ミックスは，おでん・鍋，刺身類，すなわち多種類の食材を1つのメニューに詰め合わせたものであることを表現したものである。食卓で潜在的に意識共有されるメニューグループは肉料理，和風おかず，ミックスからなるメインメニュー系と添え物，卵料理，豆腐料理からなるサブメニュー系から構成される。主菜と副菜の分類からみると主菜に関する意識が強いようである。ごはんとひき肉料理，鶏肉料理が肉料理の因子として抽出されたことから，家庭の夕食における肉料理は和風おかず以上にごはんのおかずとして定着している可能性がある。

　次に，潜在的に意識共有されるメニューグループと食生活志向，メニュー決定要因との関連を探る。このため共分散構造分析を行う。因果関係として，

104   第Ⅱ部　食卓メニューの特徴と変化

食生活志向とメニュー決定要因から食卓を具体化していくための潜在能力が形成され，さらにこれに基づいてメニューグループが選択されると仮定した。この仮定に基づいて，モデル式は，観測変数→潜在変数→観測変数の構造を仮定するMIMICモデルを採用した。インプットとしての観測変数は，食生活志向とメニュー決定要因である。食生活志向として，パス係数の絶対値が相対的に大きな値を示した安全志向と価格志向，メニュー決定要因として工夫意識と簡便志向を採用した。アウトプットとしての観測変数は，潜在的に意識共有されるメニューグループとし，それぞれの因子を構成するメニュー（肉料理であれば，ごはん，ひき肉料理，鶏肉料理）の出現頻度を合計した値を用いた。共分散構造分析の結果，モデルの適合性を表すGFIは0.97であり適合性の目安である0.9を上回ったが，自由度19でカイ2乗値は35.02であり95％点で有意でなかった。

　これを踏まえてメニュー決定要因として好み重視と売り場重視を観測変数に採用しモデルを作成し直したところ，GFIは0.97，自由度19でカイ2乗値は29.4であり95％点で有意となった。分析結果で得られたモデルを示すと**図5-12**のとおりである。潜在変数は食生活志向やメニュー決定要因とメニュー出現の間に介在することから食卓イメージを具体化する能力を表す。既存文献によると，食卓イメージの具体化行動においては，「食材や用具を整える準備力（以下準備力と呼ぶ）」「個別の食物を調理する力（以下調理力と呼ぶ）」「調理したものを組み合わせ夕食としてデコレートする力（以下有合わせ力と呼ぶ）」の3つが必要といわれている[13]。そこでこれらを潜在変数に当てはめてみる。1つめの潜在変数は価格意識から正の影響を受けていることから準備力であると考えられる。2つめの潜在変数は安全志向から正，価格志向から負の影響を受けていることから調理力であると考えられる。3つめの潜在変数は価格志向から負，売り場重視から正の影響を受けていることから，調理したものを組み合わせる際，メニューの適切なバランスを図ろうとする有合わせ力であると考えられる。

　当該モデルにおける潜在変数とメニュー出現との関連性を探る。添え物，

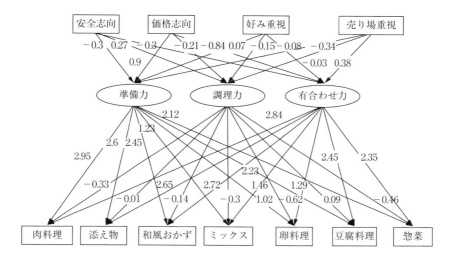

図5-12　食生活志向・メニュー決定要因とメニュー出現のモデル

和風おかず，豆腐料理の出現頻度は，準備力と有合わせ力で主に説明される。卵料理と惣菜，肉料理，ミックスも準備力と有合わせ力から主に説明されるが，調理力もわずかながら関連していることがうかがわれる。すなわち，卵料理や惣菜，肉料理，ミックスは調理力の弱いほうが出現頻度が高くなる可能性が示唆されており，これら料理は比較的手間のかからない調理しやすいメニューとして支持されていると考えられることから実感覚と整合性のある結果が得られた。また全体的に準備力や有合わせ力と比べると調理力からのパス係数の絶対値は小さく，メニュー出現に与える影響は小さい可能性がある。

3）多頻度出現メニュー数と世帯属性等との関連

　図5-3で示されている多頻度出現メニュー数別のモニター数の分布を見たところ，形状がM字型を示していた。これによって，多頻度出現メニュー数5を境として大きく2つのグループが存在するのではないかと推察される。すなわち，多頻度出現メニュー数5を閾値として，多頻度メニュー数が多い

106   第Ⅱ部　食卓メニューの特徴と変化

家庭群とそうでない家庭群の2つのグループがあると想定される。この想定
のもとで，2つのグループに分類される要因を探る。このため，ある家庭が
多頻度出現メニュー数の多いグループに属するのか，あるいは少ないグルー
プに属するのかと関連のある世帯属性等を抽出する。そこで，カテゴリーデ
ータを扱う数量化Ⅱ類分析を行う。目的変数は，モニターを多頻度出現メニ
ュー数が4以下と5以上の2つに分類したカテゴリーとした。説明変数は，
世帯属性，食生活志向，メニュー決定要因とした。**表5-13**は，数量化Ⅱ類
分析の結果である。相関比は0.3，確率による判別的中率は73.7％であり，や
や弱い関連性が見られた。ここで，あるモニターが上記2つのカテゴリーの
どちらに属するかを判断する際，カテゴリースコアが正の値の時には，多頻
度出現メニュー数4以下のモニター（第1群のカテゴリー）に属する可能性
が高くなり，一方負の値の時には，同低くなる。**表5-13**において，カテゴ
リースコアチェックとは，カテゴリースコアと第1群のカテゴリーに属する
サンプル数の割合との間に整合のとれた関係にあるかどうかを見るものであ
る[14]。

　説明変数項目ごとに見ると，カテゴリースコアのレンジが大きく，カテゴ
リースコアチェックに合格している項目として，モニターの年齢と売り場重
視が抽出された。モニターの年齢が上がるにつれて，また売り場重視であれ
ばあるほど，定番メニュー数が多くなる傾向がみられた。モニターの年齢が
上がるにつれて，夕食のパターン化が進み定番メニューが固定化している状
況がうかがわれた。

3．食卓メニューの組み合わせ

（1）メニューペアの同時出現頻度

　1年間をとおして，あるメニューと別のあるメニューが，同時に食卓に並
べられた回数を表す指標をメニューペア同時出現頻度という。容易に想像さ
れるように，出現頻度の多いメニューであればあるほど，それらのメニュー

第5章　食卓メニューの特徴　　*107*

表5-13　多頻度出現メニュー数の数量化Ⅱ類分析結果

項目名	カテゴリー名	n	カテゴリースコア	多頻度出現メニュー数が4以下のモニターの割合	カテゴリースコアチェック
世帯人数	2人	38	0.51	44.7%	×
	3人	59	0.04	42.4%	
	4人	70	-0.37	42.9%	
	5人	22	0.25	68.2%	
	6人	5	-0.29	40.0%	
主婦の年齢	20歳代	10	1.55	80.0%	○
	30歳代	61	0.37	57.4%	
	40歳代	54	0.20	50.0%	
	50歳代	58	-0.52	32.8%	
	60歳代	11	-1.72	0.0%	
主婦の就業状況	フルタイム	10	0.25	50.0%	○
	パート・アルバイト	55	0.08	49.1%	
	専業主婦	110	-0.05	44.5%	
	自営業・その他	19	-0.07	42.1%	
主婦の出身地	関東	135	0.05	49.6%	○
	関東以外	59	-0.12	37.3%	
主人の出身地	関東	127	0.08	48.0%	○
	関東以外	67	-0.15	41.8%	
長子	子供なし	40	-0.10	45.0%	×
	乳児・幼児	35	-0.55	48.6%	
	小学生	35	0.82	74.3%	
	中高生	30	-0.59	33.3%	
	大学生以上	54	0.23	33.3%	
世帯収入	400万円未満	11	1.07	72.7%	×
	400～600万円未満	54	0.00	48.1%	
	600～800万円未満	61	-0.09	44.3%	
	800～1,000万円未満	30	0.35	53.3%	
	1,000～1,500万円未満	30	-0.57	30.0%	
	1,500万円以上	8	0.02	37.5%	
安全志向	低い	92	0.10	50.0%	○
	高い	102	-0.09	42.2%	
健康志向	低い	106	-0.04	50.9%	×
	高い	88	0.05	39.8%	
価格志向	低い	101	-0.20	42.6%	○
	高い	93	0.22	49.5%	
工夫意識	低程度	72	-0.04	48.6%	×
	中程度	43	0.09	46.5%	
	高程度	79	-0.01	43.0%	
簡便志向	低程度	75	-0.15	40.0%	○
	中程度	45	0.02	42.2%	
	高程度	74	0.14	54.1%	
好み重視	低程度	21	0.26	47.6%	×
	中程度	88	-0.04	47.7%	
	高程度	85	-0.02	43.5%	
売り場重視	低程度	35	0.56	65.7%	○
	中程度	83	0.24	49.4%	
	高程度	76	-0.52	32.9%	

注：カテゴリースコアチェックについては注14）を参照。

108 第Ⅱ部 食卓メニューの特徴と変化

ペアの同時出現頻度も多くなる。そこで，ここでは単に出現頻度の多いメニューに着目するのではなく，メニュー出現の因子を構成するメニューに着目することとした。**表5-12**で示したとおり，モニターあたり年間平均出現頻度が20以上のメニューを変数として，因子分析を実施したところ，肉料理，添え物，和風おかず，ミックス，卵料理，豆腐料理の6つの因子が抽出された。これら6つの因子を構成するメニュー変数は11メニューであった。この中で，ご飯類はほぼ毎夕食に登場していることから，これを除いた10メニューを対象として，メニューペア同時出現頻度を見た。モニターごとに夕食単位で同時に出現しているメニューペアを抽出した後，年間分を合計してメニューペア同時出現頻度を算出し，モニター合計をモニター数で除して平均メニューペア同時出現頻度を算出した。最も多い平均メニューペア同時出現頻度を示したのは，「味噌汁等＋野菜の煮物等」で53.3回，次に「味噌汁等＋魚の煮物等」で39.0回，「魚の煮物等＋野菜の煮物等」で37.3回，「味噌汁等＋生の果物」で25.3回，「野菜の煮物等＋生の果物」で21.4回となっていた。

　個別メニューの間に潜在的に意識共有されるメニューグループ（**表5-12**）を構成する10個のメニューについては，単独での出現頻度の多い味噌汁等，野菜の煮物等，魚の煮物等，生の果物の4メニューの組み合わせが多い結果となった。これら以外の出現頻度がそれほど多くないメニューについて見ても，メニュー出現頻度の多い上記4メニューとの同時出現頻度が多い結果となった。ただし，おでん・鍋では，生の果物との同時出現頻度が多くなっており，メニューの種類によっては相性のよいメニューの分布が異なる可能性がある。

　メニューペア同時出現頻度を見ると，上記4メニューの組み合わせが上位にランクされており，次に「味噌汁等＋ひき肉料理」17.6回，「味噌汁等＋豆腐料理」15.8回となっている。このようなメニューペアの出現実態を見ると，同時出現頻度の多い2つのメニューの組合せは相性のよい定番メニューといえることがうかがわれた。これを実証的に観察するため，項目間の親近性が行列で与えられたときに，その度合いの高い項目の組み合わせを類似性の高

表5-14　同時出現頻度による数量化Ⅳ類分析の結果

メニュー	10メニューの場合		7メニューの場合		4メニューの場合	
	2軸	1軸	2軸	1軸	2軸	1軸
味噌汁等	−0.059	−0.091	0.001	−0.041	−0.383	−0.205
おでん・鍋	0.045	0.946	−	−	−	−
鶏肉料理	−0.282	−0.125	−	−	−	−
ひき肉料理	−0.114	−0.116	0.674	−0.410	−	−
刺身類	−0.146	−0.096	0.107	0.871	−	−
魚の煮物等	−0.058	−0.087	−0.035	−0.066	0.766	−0.401
卵料理	0.917	−0.159	−	−	−	−
豆腐料理	−0.161	−0.122	−0.730	−0.245	−	−
野菜の煮物等	−0.063	−0.082	0.002	−0.037	−0.503	−0.251
生の果物	−0.079	−0.067	−0.019	−0.072	0.120	0.857

注：値は，固有値である。

いペアとして抽出する手法である数量化Ⅳ類分析を行うこととした。ここで行列として上記10メニューを対象とした平均メニューペア同時出現頻度を用いた。表5-14は，数量化Ⅳ類分析の結果を示したものである。まず，10メニューを対象として実施した。この結果，野菜の煮物等，味噌汁等，魚の煮物等，生の果物，ひき肉料理，豆腐料理，刺身類の類似性が高かった。次に，これら7メニューの類似性をみるため，同様の分析を実施した。この結果，野菜の煮物等，味噌汁等，魚の煮物等，生の果物の類似性が高かった。さらにこれら4メニューの類似性をみるため，同様の分析を実施した。この結果，野菜の煮物等，味噌汁等の類似性が高かった。平均メニューペア同時出現頻度を用いてメニューの類似性をみると，メニュー出現頻度の多いものの類似性が高いという結果が得られた。

（2）メニューペアの特徴

　モニターごとに多頻度出現メニュー（59分類ベース，1年間に100回以上登場しているメニュー[15]）を抽出した。次に，多頻度同時出現メニューペア（2つのメニューの同時出現頻度が1年間に100回以上のメニューのペア）を抽出し，多頻度同時出現メニューペアとなっている場合は1，そうでない場合は0とするマトリクスを作成した[16]。たとえば，あるモニターで多頻度出現メニューが6個抽出された場合，6×6のマトリクスを作成することとな

110　第Ⅱ部　食卓メニューの特徴と変化

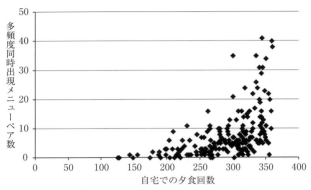

図5-13　自宅での夕食回数と多頻度同時出現メニューペア数

る。モニターごとの多頻度同時出現メニューペア数の平均は7.7であった。年間の自宅での夕食回数が多くなればなるほど多頻度同時出現メニューペア数も多くなる傾向があるかどうかを見るため単回帰分析を実施したところ，相関係数は0.52となった（図5-13）。弱い関連性ではあるが，自宅での夕食回数が増えると同一ニューペアが出現する場面が増えることがうかがわれた。

（3）多頻度同時出現メニューペアのネットワーク特性

　家庭における1年間のメニューの出現頻度データを用いて，多頻度同時出現メニューペアの出現実態の規則性を見出すためグラフ解析手法で分析した[17]。グラフ解析手法は，人間関係，企業関係，国際関係などに関する構造分析に用いられている。食卓をメニューからなる空間ととらえ，そこに登場するメニューの組み合わせに着目し，密度，中心性，中心化傾向の指標から分析した。ネットワーク分析における密度とは，ネットワークにおいて行為者同士の関係がどのくらい密接であるのか，その程度を示す指標とされている[18]。ネットワーク分析における密度を食卓にあてはめてみると，毎夕食におけるメニューペアの出現状況を1年間観測して，メニューペアがどのくらいの頻度で出現しているかを見ることとなる。中心性とは，他者との関わりが相対的に多いものが中心的であるという一般的な理解に基づいて，行

為者の次数（関わりを持っている他の行為者数）を最も単純な中心性の指標としている。このように行為者と他の行為者との連結数に関心がある場合には次数を基準にして中心性を決定できるとしている。食卓においては，1年間の夕食のメニューを見た場合，多くの高頻度メニューペアに登場しているメニューが中心性の高いメニューとなる。中心化傾向とは，個人の中心性の分布の偏りを見るものである。集団の中心性はそこに集う個人の関数であり，中心モデルでは集団を構成するアクターの中心性によって中心への偏向を尺度化するとしている[19]。食卓においては，モニターごとに高頻度で出現するメニューペアを抽出し，そこに登場する高頻度出現メニューの中心性の分布を作成することによって，中心化傾向を見ることとなる。ネットワーク性を検討するためには一定数の多頻度出現メニュー数が必要と考え，分析対象モニターは，多頻度出現メニュー数5以上を有する105モニターとした。

まず，密度指標について述べる。

密度とは，多頻度出現メニュー間の全ペアのうち，年間100回以上出現する多頻度同時出現メニューペアがいくつあるかを示すものである。したがって，密度[20]が高いということは，相性のよいメニューペアが数多く存在することを示す。多頻度同時出現メニューペアの密度分布（**図5-14**）を見ると，

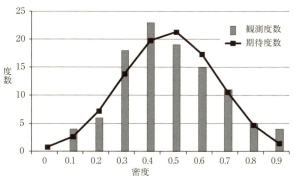

図5-14　密度のヒストグラム

注：横軸の目盛について，「0」は「0より大きく0.1以下」，「0.1」は「0.1より大きく0.2以下」…を表す。

112　第Ⅱ部　食卓メニューの特徴と変化

カイ２乗値は6.3となり５％の有意水準で正規分布に従っていないとはいえ
ない，すなわち正規分布に従うと考えてもよいことがわかった[21]。本分析で
は多頻度出現メニュー数５以上を有する家庭を対象として分析していること
から，このような家庭では夕食におけるメニュー数を出現頻度の高いメニュ
ー群をベースとして固定的ではなくランダム的に決定している可能性がある
のではないかと推測された。また多頻度出現メニュー数４を有するモニター
の密度の単純平均値は0.73，同３は0.79となっており，これらのモニターは
メニュー数の決定を固定的に行っているのではないかと推測された。

　次に，中心性指標について述べる。

　中心性とはメニューの次数，すなわち他のメニューとの直接的な接続度合
で表される指標である。多頻度出現メニュー数が多くなれば，そこに登場す
るメニューのとりうる次数も高くなるので，多頻度出現メニュー数のランク
ごとに中心性を見た。ここで，ランクとは，多頻度出現メニュー数によって
モニターを分類するものであり，多頻度出現メニュー数５を有するモニター
は５ランクとし，同６の場合は６ランク，……同10以上の場合は10ランクと
した。まずモニターごとに多頻度出現メニューの次数を算定し，次に多頻度
出現メニュー数のランクごとに次数０から最大次数までそれぞれに該当する
メニュー数の合計を算出し，次数０から最大次数までの合計メニュー数の割
合を算出した。多頻度出現メニュー数のランク別にみると，ランクが５から
７までは，次数２や３のメニューの割合が高く，ランク８では次数別のメニ
ュー数割合が同程度となり，ランク９では次数３や８のメニュー数の割合が
高くなる傾向が見られた。多頻度出現メニュー数のランクにかかわらず，全
体的には次数３を有するメニューが多いこと，及び多頻度出現メニュー数の
ランクが高くなった場合中心性の高いメニューの割合が増加していく傾向が
見られた。多頻度出現メニュー数のランクが上がる，すなわち多頻度出現メ
ニュー数が増大するにつれて低い次数のメニューが一定程度存在すると同時
に次数の高いメニューの割合も増大していくことが観察された。したがって
多頻度出現メニュー数が増大するにつれて次数割合の分布が２極化分布を示

第5章　食卓メニューの特徴　*113*

していくのではないかと推測された。食卓においては，多頻度出現メニュー数が増大するにつれて，多くのメニューの間の相性がよくなる状況，あるいは逆に多くのメニューの間の相性が悪くなる状況のいずれか一方に近づいていくのではなく，他のメニューと相性のよいメニューと他のメニューと相性のよくないメニューが混在している状況に近づいていくと推察される。

　さらに，中心化傾向について述べる。

　同程度のレベルの密度でも，構造的にみると特定のメニューが高い次数を持っている場合と多くのメニューが平均的な次数を持っている場合を想定することができる。ほぼ同じ程度の密度を有するモニターでも，グラフの構造から見ると，中心化傾向の高いモニター群とそうでないモニター群が存在し，これらの群の間には異なる特徴があるのではないだろうか。ここでグループを2つに分類したのは，分析の第1段階として，2分類による分析が一般的であると考えたことによる。まず，ほぼ同じ程度の密度を有するモニターを抽出する必要がある。ここでは，密度の平均値を中心として，それに近い密度を有するモニターを分析対象とする。このため，密度分布から分析対象とするモニターを抽出することとした。密度のヒストグラムは平均0.53，標準偏差0.19の正規分布に従うと考えてもよいことから，密度が0.34以上0.72以下に該当するモニターをほぼ同程度の密度を有するモニターとして抽出した。抽出されたモニターは，多頻度出現メニュー数が5以上の64モニターであった。そこで，多頻度出現メニュー数のランク別に，モニターの多頻度出現メニューの次数分布表を用いて，クラスター分析[22]により2つのグループに分類した。ただし，多頻度出現メニュー数が10以上のモニター数は少なかったことから，多頻度出現メニュー数が5から9までのモニターを対象として，多頻度出現メニュー数のランクごとにクラスター分析を実施した。この結果，多頻度出現メニューのランクごとに2つのグループに分類することができた。そこで，これら2つのグループが，中心化傾向の高いグループと低いグループを表現しているかどうかを検討するため，それぞれの次数分布を見ることとした。**表5-15**は，それぞれの次数分布を示したものである。同表は，2

114   第Ⅱ部　食卓メニューの特徴と変化

表 5-15　中心化傾向の高いグループと低いグループの平均次数分布

多頻度出現メニュー数	1番目次数	2番目次数	3番目次数	4番目次数	5番目次数	6番目次数	7番目次数	8番目次数	9番目次数
5	3.0	3.0	2.5	2.5	0.0	—	—	—	—
	3.8	2.7	2.0	1.7	1.2	—	—	—	—
6	3.0	3.0	3.0	3.0	0.0	0.0	—	—	—
	4.4	3.8	2.5	2.4	1.8	0.6	—	—	—
7	5.2	4.6	3.0	2.8	2.4	1.6	0.4	—	—
	6.0	6.0	4.3	3.0	3.0	2.3	2.0	—	—
8	6.4	6.2	5.6	5.0	4.2	4.2	2.2	1.0	—
	5.8	5.5	3.8	3.0	3.0	2.0	1.5	0.0	—
9	7.6	7.4	7.4	4.8	3.8	3.6	3.4	2.4	2.0
	8.0	8.0	3.0	3.0	2.0	2.0	2.0	2.0	2.0

注：1）上段は中心化傾向の低いグループ，下段は高いグループ。
　　2）多頻度メニュー数のランク別にそれぞれのグループに該当するモニターを抽出し，
　　　　その次数を高い順番から（1番目次数から）並べてグループごとに平均した。
　　3）たとえば，多頻度メニュー数5において，1番目次数が4のモニターと3のモニ
　　　　ターがいた場合，1番目次数の平均値は3.5となる。

つのグループそれぞれに該当するモニターの平均次数を，多頻度出現メニューの次数の多い順（たとえば，多頻度出現メニューのランクが5であれば1番目から5番目まで）に並べたものである。具体的には，たとえば多頻度出現メニュー数5の場合，クラスター分析によって，モニター数6人とモニター数7人の2グループに分類された。これら2グループごとに，最も高い次数から降順にモニター平均次数を算定した。2グループのうち，どちらが中心化傾向の高いグループであり，どちらが中心化傾向の低いグループであるかの特定については，次のように判断する。中心化傾向の高いモニターは，特定のメニューのみが高い次数を持っていることから，ほぼ同じ程度の密度の場合，最も高い次数から降順に次数を並べていくと，その変化度合いが大きい傾向を示す。具体的には，密度がほぼ平均値と同じ程度であるモニターの場合，高い次数を持っているメニュー数は多くても3つであると仮定し，1番目の次数から4番目の次数までの変化度合いを算定することによって，中心化傾向の高いグループと低いグループに分けることとした。ここで，**表5-15**において，モニター平均のメニュー出現頻度をみると，飲料とご飯類はほぼ毎回食卓に並んでおり，これらが次数の高いメニューになる可能性が高いこと，及びこれらに加えてもう1品次数の高いメニューが存在している

家庭は，中心化傾向の高い家庭であると想定した。以上のもとで，２つのグループごとに平均次数の変化度合いを，１番目次数と２番目次数，２番目次数と３番目次数，３番目次数と４番目次数，それぞれの平均次数の差の絶対値と定義する。この定義に基づき，**表5-15**において，多頻度出現メニュー数５の場合，上段の変化度合い0.5，下段2.1，同６の場合，上段０，下段2.0，同７の場合，上段2.4，下段3.0，同８の場合，上段1.4，下段2.8，同９の場合，上段2.8，下段5.0と計算される。変化度合いの大きいグループ（**表5-15**における下段）は中心化傾向の高いグループであり，変化度合いの小さいグループ（**表5-15**における上段）は中心化傾向の低いグループとみなすことが妥当である。いずれのクラスにおいても，２つのグループは多くの多頻度出現メニューが平均的な次数を持っているグループと少数の多頻度出現メニューが高い次数を持っているグループに分類された。このようにクラスター分析を実施することによって，モニターを中心化傾向の低いグループと高いグループの２つのグループに分類することができた。

　中心化傾向を見ることによって，多くのメニューが平均的な次数を持っているグループと少数のメニューが高い次数を持っているグループに分類されたが，これら２つに分類されたグループと世帯属性等との間に関連性があるかどうかを探るため，カテゴリーデータを扱う数量化Ⅱ類分析を行った。目的変数として「中心化傾向の高いグループ」に属するか否かを採用し，説明変数として，世帯人数，モニターの年齢，モニターの就業状況，モニターの出身地，主人の出身地，長子，世帯収入，食生活志向としての安全志向，健康志向，価格志向の度合い，メニュー決定要因としての工夫意識，簡便志向，好み重視，売り場重視の度合い[23]を用いた。判別的中率は81.3%，相関比は0.45であった。レンジと偏相関をみると，いずれにおいても長子が第１位の値を示していた。カテゴリースコアチェックに合格している説明変数をみることによって多頻度同時出現メニューペアが少数の多頻度出現メニューに集中しているモニターについて，その世帯特性から見た特徴として，子供がいないかいても大学生以上であること，外で働いていること，モニターの食生

活志向として安全志向・健康志向・価格志向が強いこと，メニュー決定要因として工夫意識派や簡便志向派ではなく売り場重視派であることがあげられた。

　子供がいないかいても大学生以上である家庭は，そうでない家庭と比べて，毎夕食に登場するメニュー数は同じ程度でも，年間をとおして見ると特定のメニューを中心としたメニューペアに偏りがちであることがうかがわれた。

4．食卓メニューから見た野菜の利用実態

（1）食材としての野菜

　表5-7のメニュー出現頻度で見たとおり，野菜は食材の中でも利用頻度が高いことがうかがわれ，重要である。

　図5-15は，わが国の一人あたり野菜消費量，具体的には「家計調査」における家庭での生鮮野菜の購入数量と「国民健康・栄養調査」における外食や加工食を含む野菜類の摂取量について，2000年からのトレンドを示したものである。近年10年あまりの間，野菜類の摂取量については，増加や減少を繰り返しているが，生鮮野菜の購入数量については減少している年のほうが多いことから，家庭で野菜を調理し食する機会は減少している可能性がある。もし今後もこの傾向が続けば，家庭での野菜の調理能力が低下し，食卓における野菜を使ったメニューは変化していく可能性がある。さらに，表5-7においてメニューの出現頻度を見ると，単品生野菜の出現頻度よりも野菜の煮物等，味噌汁等，漬物，サラダの出現頻度のほうが高く，野菜は複数の品目を組み合わせた，あるいは野菜以外の食材と組み合わせたメニューとして消費されることが一般的である。したがって，メニューの変遷とともに野菜消費量も変化することが考えられる。たとえば，肉を使ったメニューが増えれば，そのメニューに合った野菜の消費も増えるであろう。このように野菜消費量の変化を見通す上では，野菜がどのようなメニューに用いられているかを探ることが重要である。

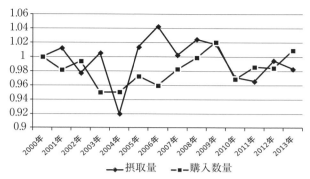

図 5-15　野菜購入量と摂取量の指数の推移

資料：摂取量は国民栄養調査, 購入数量は家計調査。
注：栄養調査では1日1人あたり野菜摂取量, 家計調査では年間1世帯あたり購入数量, を1989年を100として指数化した。
ただし, 家計調査では世帯人数で除して1人あたりとした。

分析対象とした野菜は, 葉茎菜としてキャベツ, ほうれん草, はくさい, ねぎ, レタス, ブロッコリー, もやし, 根菜としてかんしょ, じゃがいも, さといも, だいこん, にんじん, ごぼう, たまねぎ, れんこん, その他としてかぼちゃ, きゅうり, なす, トマト, ピーマンの20品目である。なお, これらの野菜は,「2007年家計調査」において購入数量の大きい順番に20品目までを選んだものである。

（2）野菜の利用頻度

表5-16は, 食材として用いられる野菜の年あたりモニター平均の利用頻度を示したものである。表より, たとえば, たまねぎは, 2006年1年間で105.3のメニューに利用されたこととなる。20品目の野菜の利用頻度の合計は857.3である。年あたり自宅での夕食回数のモニター平均は287.5であるので, 野菜は夕食あたり平均3.0のメニューに利用されていることとなる。ここで, 同一野菜が複数のメニューに利用されている場合があるが, 個々のメニューごとに同一野菜が別々に記録されていることに留意が必要である。モニターの夕食あたり平均メニュー数は6.4品であるので, 半分弱のメニューに野菜

118   第Ⅱ部　食卓メニューの特徴と変化

表5-16　主要な野菜の利用頻度

品目	利用頻度	累積利用頻度	累積利用頻度の割合
たまねぎ	105.3	105.3	12.3%
にんじん	101.4	206.7	24.1%
ねぎ	97.8	304.5	35.5%
きゅうり	83.2	387.7	45.2%
だいこん	70.2	457.9	53.4%
キャベツ	58.3	516.2	60.2%
レタス	50.9	567.2	66.2%
トマト	48.6	615.8	71.8%
じゃがいも	46.0	661.8	77.2%
ピーマン	28.1	690.0	80.5%
ほうれん草	26.7	716.7	83.6%
もやし	26.1	742.8	86.6%
はくさい	24.0	766.8	89.4%
なす	23.3	790.1	92.2%
ブロッコリー	21.3	811.3	94.6%
ごぼう	13.6	824.9	96.2%
かぼちゃ	11.8	836.8	97.6%
さといも	8.2	844.9	98.6%
れんこん	6.7	851.6	99.3%
かんしょ	5.7	857.3	100.0%

が利用されていることとなる。分析対象の20品目について，利用頻度が最大のたまねぎと最小のかんしょでは，約18倍の開きがある。累積の利用頻度の割合を見ると，上位５種の野菜（たまねぎからだいこんまで。品目数の割合25％）は53.4％，上位10種の野菜（たまねぎからピーマンまで。品目数の割合50％）は80.5％を占める。

　まず，各野菜がどのようなメニューに用いられているかを見る。ここで，メニュー分類については1,008分類ベースを59分類ベースに集約して集計した。それぞれの野菜ごとにメニューへの利用頻度を集計（モニターごととメニューごとに出現頻度を合計）し，利用頻度の高い順番に第１位から第５位までのメニューとその利用割合を示したのが**表5-17**である。利用頻度の高いたまねぎはカレー・チャーハン等ご飯類とサラダ，にんじんは煮物・酢の物・炒め物等野菜料理（野菜の煮物等）とご飯類，ねぎは味噌汁・汁物（味噌汁等）やおでん・鍋，利用頻度の中程度の野菜はサラダ，利用頻度の低い野菜は主に野菜の煮物等に用いられている。

第5章　食卓メニューの特徴　　*119*

表 5-17　野菜が利用されているメニューと利用割合

品目	第1位	第2位	第3位	第4位	第5位
たまねぎ	ご飯類 18.5%	サラダ 15.3%	野菜の煮物等 9.7%	味噌汁等 8.0%	ひき肉料理 7.1%
にんじん	野菜の煮物等 20.2%	ご飯類 14.7%	味噌汁等 10.2%	サラダ 9.4%	豚肉料理 4.6%
ねぎ	味噌汁等 29.7%	おでん，鍋 10.6%	豆腐料理 9.4%	納豆，のり 8.9%	うどん・そば等 7.1%
きゅうり	サラダ 57.4%	漬物 16.5%	野菜の煮物等 6.6%	単品生野菜 5.4%	ご飯類 1.9%
だいこん	味噌汁等 33.7%	野菜の煮物等 14.2%	魚の煮物等 11.6%	おでん，鍋 9.2%	サラダ 8.8%
キャベツ	サラダ 16.6%	単品生野菜 13.2%	野菜の煮物等 10.0%	ラーメン，焼きそば 8.3%	豚肉料理 7.3%
レタス	サラダ 75.4%	単品生野菜 8.1%	豚肉料理 3.7%	鶏肉料理 2.1%	ご飯類 1.2%
トマト	サラダ 54.3%	単品生野菜 29.2%	ご飯類 2.0%	カツ・フライ 1.8%	豚肉料理 1.7%
じゃがいも	野菜の煮物等 18.9%	ご飯類 18.8%	味噌汁等 15.7%	サラダ 10.9%	シチュー 8.4%
ピーマン	野菜の煮物等 20.5%	豚肉料理 16.1%	ご飯類 11.0%	ひき肉料理 8.8%	ラーメン，焼きそば 6.1%
ほうれん草	野菜の煮物等 53.7%	味噌汁等 13.6%	単品生野菜 4.4%	うどん・そば等 3.9%	サラダ 3.5%
もやし	野菜の煮物等 26.7%	ラーメン，焼きそば 14.4%	味噌汁等 10.0%	豚肉料理 7.4%	おでん，鍋 7.4%
はくさい	おでん，鍋 40.9%	味噌汁等 16.6%	野菜の煮物等 6.6%	スープ 6.3%	ひき肉料理 4.6%
なす	野菜の煮物等 35.5%	味噌汁等 12.6%	漬物 10.6%	ひき肉料理 7.4%	ご飯類 6.6%
ブロッコリー	単品生野菜 37.4%	サラダ 34.1%	シチュー 6.8%	野菜の煮物等 4.0%	スープ 2.8%
ごぼう	野菜の煮物等 36.9%	味噌汁等 26.7%	ご飯類 6.6%	おでん，鍋 5.7%	鶏肉料理 3.7%
かぼちゃ	野菜の煮物等 52.2%	味噌汁等 8.6%	天ぷら 8.0%	サラダ 6.6%	単品生野菜 5.1%
さといも	野菜の煮物等 42.7%	味噌汁等 37.9%	鶏肉料理 4.0%	うどん・そば等 3.2%	おでん，鍋 3.1%
れんこん	野菜の煮物等 56.1%	天ぷら 6.5%	ひき肉料理 6.1%	鶏肉料理 5.6%	ご飯類 4.7%
かんしょ	野菜の煮物等 36.8%	天ぷら 29.3%	味噌汁等 10.9%	ご飯類 4.8%	単品生野菜 4.5%

注：1）上段は，利用先メニュー，下段は，その利用割合を示す。
　　2）野菜の煮物等にはおひたし，単品生野菜にはゆで野菜，ソテーを含む。

（3）食卓メニューから見た野菜利用

　次に，野菜が各メニューにどの程度利用されているかを見る。野菜にはいろいろなメニューに幅広く利用されているものとそうでないものがあると考

120   第Ⅱ部   食卓メニューの特徴と変化

えられる。たとえば，たまねぎはカレーの具材等ご飯類に最も多く利用されているが，サラダや野菜の煮物等にも頻繁に利用されている可能性がある。レタスはサラダに最も多く利用されており，これに特化している可能性がある。そこで野菜をメニューから特徴づける際，その利用割合に注目することとした。**表5-17**の下段に，野菜ごとのメニューへの利用割合を示した。たとえば，たまねぎではご飯類への利用割合が18.5％，サラダへ同15.3％となっており，レタスではサラダへの利用割合が75.4％となっている。このように，特定のメニューに利用されている野菜といろいろなメニューに幅広く利用されている野菜というように，メニューへの利用のされかたを見ると野菜ごとに特徴があることがわかる。そこで各野菜のメニューへの利用割合によって野菜を分類することとした。**表5-17**を見ると，単用途野菜，複数用途野菜，多用途野菜に分類されるのではないかと推測された。ここで，単用途野菜とは用途がほぼ1つのメニューに限定されている野菜，複数用途野菜とはほぼ2つのメニューに限定して利用されている野菜，多用途野菜とはいろいろなメニューにバランスよく用いられている野菜である。ただし，メニュー分類数は59分類であるので，この分類内でさらにメニューのバリエーションは存在する。たとえば，たまねぎはご飯類で最も利用されているが，カレーライスに用いられている場合もチャーハンに用いられている場合もある。各野菜がどの分類に含まれるかを特定するため，**表5-17**で示されている野菜ごとのメニューへの利用割合を用いてクラスター分析を実施した。その結果は，**図5-16**に示すとおりである。単用途野菜には，かぼちゃ，れんこん，きゅうり，ほうれん草，レタス，複数用途野菜には，ごぼう，かんしょ，ブロッコリー，さといも，トマト，多用途野菜には，にんじん，ピーマン，たまねぎ，キャベツ，じゃがいも，だいこん，なす，ねぎ，もやし，はくさいが該当した。

　単用途野菜について，最も多く利用されているメニューを見ると（**表5-17**），きゅうりとレタスはサラダに特化して利用されているのでサラダ系野菜，ほうれん草はおひたし，かぼちゃ，れんこんは野菜の煮物等に特化し

第5章 食卓メニューの特徴　*121*

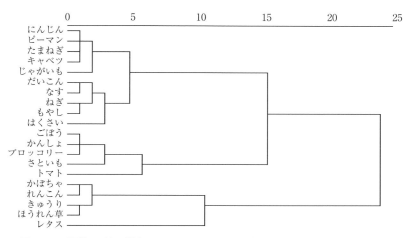

図5-16　野菜の利用割合によるクラスター分析結果
注：距離は平方ユークリッド距離を用いた。

て利用されているので煮物系野菜といえよう。

　複数用途野菜についてそれぞれの利用先メニューを見ると（**表5-17**），ごぼうは野菜の煮物等と味噌汁等，かんしょは野菜の煮物等と天ぷら，ブロッコリーは単品生野菜とサラダ，さといもは野菜の煮物等と味噌汁等，トマトはサラダと単品生野菜に利用されている。全体的にごぼうとさといも，またブロッコリーとトマトは同様な利用のされ方となっている。

　複数用途野菜は，主要な2つのメニューへ利用されているが，これら2つのメニューの利用状況に関連はあるのだろうか。たとえば，ごぼうは野菜の煮物等と味噌汁等に主に利用されているが，モニターごとに見た場合，野菜の煮物等への利用状況と味噌汁等への利用状況との関連はあるのだろうか。もし，ごぼうの野菜の煮物等への利用頻度と味噌汁等への利用頻度の間に正の相関があれば，ごぼうを野菜の煮物等へ利用する頻度が高まれば，味噌汁等へ利用する頻度も高まることとなる。この場合，ごぼうは，メニューの種類によらず，ごぼうそのものを利用したいという意向で利用されているのではないかと推測される。もし，同負の相関があれば，ごぼうを野菜の煮物等

122 第Ⅱ部 食卓メニューの特徴と変化

へ利用する頻度が高まれば，味噌汁等へ利用する頻度は低くなることとなる。この場合，ごぼうは，モニターごとに2つのメニューのうちのいずれか一方のメニューに偏って利用されていると推測される。複数用途野菜について，2つの利用先メニューの利用状況の関連性を見るため194モニターの利用頻度データを用いて単回帰分析を実施した。相関係数をみると，ごぼう0.50，かんしょ0.14，ブロッコリー0.03，さといも0.37，トマト−0.01となった。ごぼうを野菜の煮物等に用いるモニターは味噌汁等にも用いる傾向があることから，ごぼうは煮物・汁物系野菜として定着しているといえよう。これ以外の4つの野菜については，2つの利用先メニューの間に線形的な関係を見出すことはできなかった。

　なお，複数用途野菜について，主要な2つの利用先メニューのうちいずれか一方に偏って利用する家庭が多いと想定できる。この場合いずれのメニューに用いるかは世帯属性等と関係しているのであろうか。これを探るため，まず世帯属性として，世帯人数，モニターの年齢，モニターの就業状況，モニターの出身地，主人の出身地，長子，世帯収入，ならびにモニターの食生活志向として，安全志向，健康志向，価格志向，モニターのメニュー決定要因として，工夫意識，簡便志向，好み重視，売り場重視を取り上げることとした。複数用途野菜ごとに主要な2つのメニューそれぞれ別に利用頻度を目的変数，世帯属性等を説明変数とした。利用頻度は定量データであり，世帯属性等に含まれる多くのデータはカテゴリーデータであることから数量化Ⅰ類分析を適用した。その結果，いずれの品目においても決定係数が0.2を下回ったことから，世帯属性等と複数用途野菜のメニューへの利用頻度との関係を見出すことはできなかった。

　表5-16より，多用途野菜は，複数用途野菜，単用途野菜と比べて，全体的に利用頻度が高い。売り場でメニューに迷っている場合，多用途に使える野菜を購入し食材として用いる場面が多いことを反映しているかもしれない。また，表5-17において，多用途野菜ごとに利用頻度の多いメニューを見ていくと，たまねぎでは，出現頻度の上位10位以内に該当するメニューが5つ，

第 5 章　食卓メニューの特徴　*123*

にんじんでは，同 5 つ，ねぎでは，同 4 つ，だいこんでは，同 5 つ，キャベツでは，同 4 つ，じゃがいもでは，同 4 つ，ピーマンでは同 4 つ，もやしでは，同 4 つ，はくさいでは，同 4 つ，なすでは，同 5 つとなっている。いずれの多用途野菜も，出現頻度の大きいメニューで利用されていることがうかがわれた。多用途野菜は，出現頻度の大きいメニューで，しかもバランスよく利用されている。

注

1 ）若林勝史（2007）「工房製ナチュラルチーズに対する消費者意識と販売戦略」『消費行動とフードシステムの新展開』農林統計協会による。

2 ）磯島昭代（2006）「消費者の食に関する意識と農産物の購入状況」『フードシステム研究』日本フードシステム学会，第13巻 1 号，pp.35〜45による。

3 ）栗原伸一・丸山敦史・松田友義（1999）「学校給食における食品安全性の評価」『フードシステム研究』日本フードシステム学会，第 6 巻第 1 号，pp.57〜68による。

4 ）有元暢紀・永木正和・河合幹裕・杉山純一（2008）「外食行動における消費者類型と食材情報ニーズ」『フードシステム研究』日本フードシステム学会，第14巻 3 号，pp.25〜34による。

5 ）渡辺靖仁（2009）「食品安全への消費者意識とコスト負担意向」『共済総合研究』農協共済総合研究所，pp.60〜86による。

6 ）大浦裕二（2007）『現代の青果物購買行動と産地マーケティング』農林統計協会による。

7 ）茂野隆一（2007）「食料消費パターンの変化とその要因」永木正和・茂野隆一編『消費行動とフードシステムの新展開』農林統計協会による。

8 ）河野章・大浦裕二・佐藤和憲・山本和博（2009）「ホームユーステストによるイチゴの消費者評価」『農業経営研究』日本農業経営学会，第47巻第 2 号，pp.130〜133によると，家族の構成員それぞれでイチゴの評価は異なっていることが示されている。一例ではあるが，家族個々の好き嫌いがメニュー構成へ影響を与えている可能性がある。

9 ）詳細は，伊藤雅之（2010）「食意識と夕食の関係に関する予備的研究」『2010年度農業経済学会論文集』日本農業経済学会，pp.154〜160を参照のこと。

10）足立己幸編著（1987）『食生活論』医歯薬出版による。

11）沖山敦（2001）「日本人の味覚と嗜好」『食生活の変化とフードシステム』農林統計協会によると，根野菜や緑黄色野菜摂取は健康によいという意識のもとで，健康意識の高まりという時代背景が野菜の摂取という行動に結びつい

124   第Ⅱ部　食卓メニューの特徴と変化

　　ていると推測しているが，このことを裏付ける結果となっている。

12) 吉田企世子（2001）「栄養学的にみた食生活の変化とその評価」『食生活の変化とフードシステム』農林統計協会によると，主婦へのアンケートによって夕食での主菜として肉と魚の出現頻度はほぼ同数であるという結果が得られている。今井勝行・磯部由香（2009）『食の視点』文理閣によると，東京都老人総合研究所は野菜と肉の割合を半々に摂取することを奨励しているとのことである。

13) 足立己幸編著（1987）『食生活論』医歯薬出版による。

14) ある説明変数項目内でカテゴリースコアの値が大きければ大きいほど第１群に属する可能性は高くなるはずであり，このような場合，整合のとれた関係にあるとみなす。整合のとれた関係にある場合，カテゴリースコアチェックに合格しているとして，カテゴリースコアチェック欄で○印を記載し，そうでない場合，×印を記載している。たとえば，**表5-13**において説明変数項目のひとつである世帯人数をみると，世帯人数が４人の時カテゴリースコア−0.37，第１群に属するモニターの割合が42.9％，世帯人数が６人の時カテゴリースコア−0.29，第１群に属するモニターの割合が40.0％となっており，カテゴリースコアの小さいほうが上記モニターの割合が大きくなっていることから，カテゴリースコアチェックは不合格となり×印が記載されている。説明変数と目的変数の間に関連性がある場合に，上記対応の不整合が生じる要因として，一般に説明変数間の多重共線性やサンプル数の少なさが指摘されている。目的変数を説明しうるモデルを作成しようとする場合には説明変数相互の相関をみることによる説明変数の絞込みやカテゴリーの統合が行われる。

15) 本章２．（３）を参照のこと。

16) 1,008分類を59分類へ集約すると，あるメニューが１夕食で複数回登場する場合もでてくるが，多頻度同時出現メニューペアを抽出する際，これは１回としてカウントした。

17) 詳細は，伊藤雅之（2009）「メニューデータを用いた食卓構造分析に関する予備的研究」『2009年度農業経済学会論文集』日本農業経済学会，pp.232〜238を参照のこと。なお，食卓をメニューからなる空間ととらえ，グラフ表示によって食卓構造を分析した研究として，伊藤雅之・鈴木充夫（2010）「食卓構造の可視化と特性に関する研究」『システム農学』システム農学会，Vol. 26. No. 3，pp.93〜101がある。

18) 安田雪（2001）『実践ネットワーク分析』新曜社による。

19) 金光淳（2003）『社会ネットワーク分析の基礎』勁草書房による。

20) 密度式の定義は安田雪（2001）『実践ネットワーク分析』新曜社に基づいた。

21) 帰無仮説：「母分布は正規分布に従う」とする適合度検定を実施した。得られ

た度数分布表から母平均0.53, 母分散0.04と推定された。検定統計量は6.59であった。自由度7のカイ2乗分布において, $\Pr\{\chi^2 \geqq 14.07\} = 0.05$であるので$\Pr\{\chi^2 \geqq 6.59\} > 0.05$となり帰無仮説は採択される。すなわち分布は正規分布に従わないとはいえない。多頻度出現メニューおよび多頻度同時出現メニューペアを定義する際, 年間100回出現するかどうかを閾値として分析した結果, モニターの密度は正規分布に従うと考えてもよいことが得られたが, この閾値をたとえば年間50回などと設定した場合でも同様な結果が得られるかどうか, あるいはメニューの閾値とメニューペアの閾値を異なる回数で設定した場合にどのような分布に従う可能性があるのかについては今後の課題である。

22) 階層的クラスター分析を実施した。多変量データはモニターごとに各メニューの次数を大きい順番から並べたものである。メニューの次数は数値データであるので, これをユークリッド距離を用いて非類似度行列へ変換した。凝集アルゴリズムは次のとおりである。①すべてのクラスターの組に対してクラスター間距離を求める, ②クラスター間距離が最小なクラスターの組を結合し, 新たなクラスターを作成する, ③新たなクラスターとその他のクラスター間の距離を求める, ④クラスター数が1になるまで上記②, ③を繰り返す。ここでクラスター間距離はウォード法を用いた。

23) メニュー決定要因における工夫意識, 簡便志向, 好み重視, 売り場重視の分類については本章1. （2）を参照のこと。

第**6**章

加齢に伴う食卓の変化

　ここでは，2006年と2007年の食MAP（株式会社ライフスケープマーケティングの登録商標）データを用いて，1年間において食卓メニューや野菜の利用がどのように変化したのかを探る。

　本章では，同一モニターについてのデータで比較・分析しているので，1歳の加齢に伴う食卓の変化を観察していることとなる。

1．食卓メニューの変化

（1）変化の全体傾向

　まず，モニターの2006年から2007年にかけての全体的な変化を整理する。このため，2006年，2007年ともにモニターであった家庭を対象として，自宅での夕食回数，メニュー数，夕食あたりメニュー数，食材数，夕食あたり食材数，メニューあたり食材数について変化を整理した（**表6-1**）。

　自宅での夕食回数を見ると，モニター平均で2006年の294回から2007年の

表6-1　夕食の変化（2006年から2007年）

項　目	2006年	2007年	変化度	t検定
自宅での夕食回数	294	284	0.97	4.56***
メニュー数	1,867	1,776	0.95	4.25***
自宅での夕食あたりメニュー数	6.24	6.09	0.98	2.68***
食材数	5,089	4,842	0.95	4.45***
自宅での夕食あたり食材数	17.10	16.72	0.98	2.60**
メニューあたり食材数	2.7	2.7	1.00	−0.28

注：1）自宅での夕食回数，メニュー数，食材数はモニターあたり1年間の合計値である。
　　2）t検定は「2006年の値と2007年の値の平均は等しい」を帰無仮説とする，対応サンプルのある平均値の差の検定である。
　　3）***は有意水準1％で，**は有意水準5％で有意であることを表す。
　　4）変化度は，2007年の値を2006年の値で除した値である。

128　第Ⅱ部　食卓メニューの特徴と変化

284回へ減少しており，t検定により有意水準1％で平均値に差があることが観察された。

　次に，メニューの出現数が変化したかどうかを見る。メニュー59分類ベースで，モニター平均のメニューの年間出現頻度合計数は，2006年の1,867から2007年の1,776へと減少しており，t検定により有意水準1％で平均値に差があることが観察された。また，自宅での夕食あたりメニュー数も2006年から2007年にかけて減少しており，有意水準1％で平均値に差があることが観察された。メニュー別にみると平均値が増大したのは9メニュー，減少したのは50メニューであった。有意水準1％で平均値に差があることを示したのは9メニュー（ご飯類，洋風スープ・中華風スープ，カツ・フライ，鶏肉料理，ソーセージ，魚の煮物等，えび料理，野菜の煮物等，飲料）でいずれも減少していた。

　利用した食材数の変化を見る。表6-1より，モニター平均で2006年の5,089から2007年の4,842へ減少しており，t検定により有意水準1％で平均値に差があることが観察された。また，自宅での夕食あたり食材数も2006年から2007年にかけて減少しており，有意水準5％で平均値に差があることが観察された。モニターごとに食材57分類ベースで，年間の食材の利用頻度計を見ると，平均値が増大したのは12食材，減少したのは44食材（1食材は利用されていない）であり，減少傾向を示している食材が多かった。t検定により有意水準1％で平均値に差があるのは11食材（穀類，青果類，冷凍の野菜，ゴマ・豆類・木の実類，肉類，畜肉加工品，魚介類，油脂類，基礎調味料類，洋風調味料，珍味）でいずれも減少していた。

　2006年から2007年にかけて自宅での夕食回数は減少しており，多くのメニュー，多くの食材において出現頻度・利用頻度とも減少している。自宅での夕食あたりメニュー数，自宅での夕食あたり食材数はいずれも微減，メニューあたり食材数はほぼ横バイであることが観察された。

　表6-1で見たとおり，2006年から2007年にかけて，メニューあたり食材数の平均値はほとんど変化しなかったが，加齢とともに，メニューの種類によ

第6章　加齢に伴う食卓の変化　　*129*

表6-2　主要メニューの利用食材数の変化

メニュー	2006年	2007年	t値
ご飯類	2.373	2.370	0.10
味噌汁等	3.953	4.030	−0.73
洋風スープ，中華風スープ	4.828	4.953	−0.98
カツ，フライ	4.416	4.549	−0.99
おでん・鍋料理・フォンデュ	8.516	8.468	0.24
豚肉料理	5.752	5.645	1.01
鶏肉料理	4.250	4.225	0.26
ひき肉料理	5.490	5.350	1.06
さしみ	3.068	3.171	−1.31
魚の煮物等	2.856	2.862	−0.09
豆腐料理	3.951	3.972	−0.25
野菜の煮物等	4.289	4.279	0.17
サラダ	4.692	4.663	0.44
単品野菜	2.163	2.215	−1.18
漬物	1.318	1.284	0.67
納豆・のり	1.880	1.811	1.05
生の果物	1.099	1.093	0.20
ケーキ・お菓子	1.449	1.596	−1.41
飲料	0.876	0.821	2.18**
アルコール	1.085	1.100	−0.81

注：**5％有意水準で有意であることを示す。

ってはより加工度の高い食材を用いること，あるいは調理済み食品をより多く用いることによる食材の集約化が進展している可能性がある。そこでメニューにおける食材の集約化傾向を見るため，メニュー別にそれに用いる食材数を集計し，出現頻度の多い順番に20個のメニューについて，対応のある平均値の差のt検定を行った。**表6-2**は，上記の主要20メニューの利用食材数の変化を見たものである。表より，利用食材数が減少したのは11メニュー，増加したのは9メニューであった。有意水準5％で平均値に差のある品目として飲料が抽出されたが，これは麦茶などの作りおきや市販のペットボトル飲料の利用が増大したことによるのではないかと推測される。

（2）変化の影響要因

　モニターごとに見ればメニューあたり食材数が減少したモニターや増加したモニターが存在する。そこで，メニューあたり食材数を増加させた要因，あるいは減少させた要因を考察する。このため，メニューあたり食材数を増加，あるいは減少させたモニターが，その世帯属性等において有している特

130　　第Ⅱ部　食卓メニューの特徴と変化

性を抽出する。目的変数をモニターのメニューあたり食材数の増減カテゴリー，説明変数を2006年時点の世帯属性等（調理行動実態，世帯属性，食生活志向，メニュー決定要因）として数量化Ⅱ類分析によりその関連を見た[1]。相関比は0.34，確率による判別的中率は78.9％であり，一定の関係が観察された。カテゴリースコアチェックに合格している説明変数について，そのレンジを見るとモニターの年齢が最も大きく若いモニターほどメニューあたり食材数を減らす傾向があること，モニターの就業状況では自営業・その他でメニューあたり食材数を減らしていることがうかがわれた。若い世代は，メニューの食材数を減らすことで食の簡便化を追求しようとしているのかもしれない。

2．野菜利用の変化

（1）変化の全体傾向

　主要20品目の野菜を対象として加齢に伴う変化を観察する[2]。夕食での野菜の利用頻度の変化を見ると，増大した品目は5品目，減少した品目は15品目であった[3]。

　野菜の品目別に比較する。利用頻度の上位3品目であるたまねぎ，にんじん，ねぎの利用頻度の平均値はいずれも減少していた。そこで，2006年と2007年のモニター別利用頻度を用いて対応のある平均値の差のt検定を行ったところ，3品目とも2006年から2007年にかけて有意に減少したとはいえないという結果が得られた。次に，それぞれの品目ごとにその利用頻度の多い上位5メニュー別に対応のある平均値の差のt検定を行った。**表6-3**は，その結果を示したものである。たまねぎのひき肉料理への利用においては，5％有意水準で減少しているという結果が得られた。これ以外の14の品目とメニューの組合せについては利用頻度が減少したとはいえないという結果が得られた。利用頻度の多い野菜については，その利用先のメニューにかかわらずおおむね安定した利用状況になっていることがうかがわれた。

第6章　加齢に伴う食卓の変化　*131*

表6-3　野菜３品目の利用先メニュー別利用頻度のｔ検定結果

品目	利用先メニュー	モニター平均利用頻度		t値
		2006年	2007年	
たまねぎ	ご飯類	19.84	19.28	0.987
	サラダ	15.01	13.61	0.823
	野菜料理	10.41	10.52	−0.187
	味噌汁・汁物	8.01	8.71	−1.371
	ひき肉料理	7.67	6.80	2.553**
にんじん	野菜料理	22.29	22.17	0.146
	ご飯類	15.32	14.60	1.312
	味噌汁・汁物	11.89	12.13	−0.416
	サラダ	9.81	9.33	0.69
	豚肉料理	4.88	4.87	0.023
ねぎ	味噌汁・汁物	27.98	27.89	0.074
	おでん・なべ	9.88	9.79	0.2
	豆腐料理	9.14	9.75	−0.491
	納豆・のり	6.62	6.21	0.649
	うどん・そば	6.75	6.44	0.76

注：**５％有意水準で有意であることを示す。

（2）野菜品目別に見た変化

　2006年から2007年にかけて，同一モニターについて，ひき肉料理における
たまねぎの利用頻度は５％有意水準で減少していることが観察された。そこ
で，たまねぎの利用頻度を減少させた要因を考察する。ひき肉料理における
たまねぎの利用頻度を増加，あるいは減少させたモニターが，その世帯属性
等において有している特性を観察する。このため，目的変数と説明変数が，
いずれもカテゴリーデータであることから数量化Ⅱ類分析を行うこととした。
具体的には，たまねぎの利用頻度の増減の２カテゴリーを目的変数，世帯属
性等を説明変数として数量化Ⅱ類分析を実施した[4]。相関比0.43，確率によ
る判別的中率82.7％で一定の関係が見られた。カテゴリースコアチェックに
合格しレンジの大きい説明変数として，モニターの就業状況が抽出された。
全体的にひき肉料理におけるたまねぎの利用頻度は減少している中で，フル
タイム従事者のカテゴリースコアが大きなマイナス値となっており，ひき肉
料理におけるたまねぎの利用頻度の増大傾向が見られた。

　2006年から2007年にかけて，同一モニターについて，上記３品目以外の17

132　第Ⅱ部　食卓メニューの特徴と変化

表6-4　野菜17品目の t 検定結果

品目	モニター平均利用頻度		t値
	2006年	2007年	
きゅうり	84.6	79.3	2.165**
だいこん	72.9	71.4	0.757
キャベツ	58.0	56.3	0.984
レタス	50.3	45.8	1.982*
トマト	50.2	48.1	1.115
じゃがいも	47.8	46.4	1.225
ピーマン	30.4	29.9	0.567
ほうれん草	27.1	23.8	3.448***
もやし	24.0	24.7	-0.83
はくさい	23.4	22.3	1.378
なす	25.9	26.4	-0.446
ブロッコリー	21.2	18.1	3.134***
ごぼう	15.5	15.2	0.354
かぼちゃ	13.3	11.6	2.663***
さといも	8.9	9.0	-0.153
れんこん	7.4	7.6	-0.639
かんしょ	5.8	6.7	-1.45

注：*** 1 ％有意水準，** 5 ％有意水準，*10％有意水準
　　で有意であることを示す。

品目の野菜の利用頻度を用いて，対応のある平均値の差のt検定を行った。
表6-4は，検定結果を示したものである。有意に変化があったのは，きゅう
り（ 5 ％有意水準），レタス（10％有意水準），ほうれん草（ 1 ％有意水準），
ブロッコリー（ 1 ％有意水準），かぼちゃ（ 1 ％有意水準）の 5 品目であり
いずれも減少傾向を示していた[5]。第 5 章 4 ．（ 3 ）で分析したとおり，き
ゅうり，レタス，ほうれん草，かぼちゃは単用途野菜，ブロッコリーは複数
用途野菜に該当する。したがって利用頻度の減少傾向は，多用途野菜よりも
単用途野菜で見られた。
　単用途野菜であるきゅうりとレタスは，その多くがサラダに用いられてい
る。メニューの出現頻度を見ても，サラダの出現頻度は 5 ％有意水準で減少
している。夕食でサラダの出現頻度が減少し，もっぱらそれに利用されてい
るきゅうりとレタスの利用頻度が少なくなったと推測される。きゅうり，レ
タスの利用頻度を増加，あるいは減少させたモニターが，その世帯属性等に
おいて有している特性を抽出する。このため，目的変数と説明変数が，いず

れもカテゴリーデータであることから数量化II類分析を行うこととした。具体的には，モニターごとにきゅうりとレタスのサラダへの利用頻度を合計し，その増減の2カテゴリーを目的変数，世帯属性等を説明変数として数量化II類分析を行った[6]。相関比は0.27，確率による判別的中率は76.3％であり，やや弱い関係が見られた。カテゴリースコアチェックに合格しレンジの大きい変数としてモニターの年齢が抽出された。40歳代のカテゴリースコアが大きなプラス値となっており，利用頻度の減少傾向が見られた。

　ほうれん草は，その多くがおひたしに，かぼちゃは，その多くが煮物・含め煮に用いられている。ここでメニュー59分類ベースでおひたしや煮物・含め煮は野菜の煮物等に含まれている。メニューの出現頻度を見ると，野菜の煮物等の出現頻度は1％有意水準で減少している。夕食で野菜の煮物等の出現頻度が減少し，もっぱらそれに利用されているほうれん草とかぼちゃの利用頻度が少なくなったのではないかと推測される。ほうれん草，かぼちゃの利用頻度を増加，あるいは減少させたモニターが，その世帯属性等において有している特性を抽出する。このため，目的変数と説明変数が，いずれもカテゴリーデータであることから数量化II類分析を行うこととした。具体的には，ほうれん草とかぼちゃの野菜の煮物等への利用頻度を合計し，その増減の2カテゴリーを目的変数，世帯属性等を説明変数として数量化II類分析を行った[7]。相関比は0.48，確率による判別的中率は84.2％であり，一定の関係がみられた。カテゴリースコアチェックに合格しレンジの大きい変数としてメニュー決定要因の項目である好み重視が抽出された。好み重視であればあるほどこれら野菜を利用しなくなる傾向がみられた。これだけで断定はできないが，ほうれん草やかぼちゃを好き嫌いで判断して野菜の煮物等へ利用している場合，加齢とともに，当該メニューをとりあげなくなっているかもしれない。

　ブロッコリーは，その多くが単品生野菜（ゆで野菜を含む）またはサラダのいずれかに用いられている。単品生野菜またはサラダメニューにおけるブロッコリーの利用頻度は1％有意水準で減少していることが観察された。ブ

134   第Ⅱ部　食卓メニューの特徴と変化

ロッコリーの利用頻度を増加，あるいは減少させたモニターが，その世帯属性等において有している特性を抽出する。このため，目的変数と説明変数が，いずれもカテゴリーデータであることから数量化Ⅱ類分析を行うこととした。具体的には，ブロッコリーの単品生野菜とサラダへの利用頻度を合計し，その増減の２カテゴリーを目的変数，世帯属性等を説明変数として数量化Ⅱ類分析を行った[8]。相関比は0.32，確率による判別的中率は74.8％であり，一定の関係が観察された。カテゴリースコアチェックに合格しレンジの大きい変数としてモニターの就業状況が抽出された。パート・アルバイトのカテゴリースコアが大きなプラス値となっており，利用頻度の減少傾向が見られた。

注

1 ）詳細は，伊藤雅之（2010）「家庭の夕食におけるメニュー出現と材料利用の変化に関する一考察」『農業経営研究』日本農業経営学会，第48巻第２号，pp.137 〜 142を参照のこと。

2 ）対象とした野菜は，**表5-16**に示した20品目である。

3 ）ここでは価格の変化を考慮していないが，鈴木充夫（2004）「東京都中央卸売市場における野菜卸売価格変動の要因分析」『農村研究』東京農業大学農業経済学会，第98号，pp.34 〜 43によると，キャベツときゅうりについては近年価格変動が小さくなっているとのことである。

4 ）詳細は，伊藤雅之（2010）「家庭の夕食におけるメニュー出現と材料利用の変化に関する一考察」『農業経営研究』日本農業経営学会，第48巻第２号，pp.137 〜 142を参照のこと。

5 ）農林水産省の「全国主要都市における主要野菜の小売価格・販売動向」によると，当該５品目の国産標準品の2006年から2007年への小売価格単価の変化は，きゅうり1.006，レタス1.0，ほうれん草1.025，ブロッコリー0.998，かぼちゃ1.055となっており，価格変化の影響は小さいと考えられる。

6 ）詳細は，注４）参照。

7 ）詳細は，注４）参照。

8 ）詳細は，注４）参照。

第7章
東日本大震災による影響

　2011年3月11日に発生した東日本大震災は，地震と津波，原子力発電所の事故がほぼ同時期に発生したことにより，食生活にも大きな影響を与えた。
　本章では，食意識と食卓メニューへ与えた影響を断片的ではあるが考察する。

1. 食意識への影響

(1) 全般的な影響

　アンケート9（対象は，首都圏1都3県に住む2人以上世帯の女性。内訳は巻末参照）に基づいて，東日本大震災発生後，おおむね半年経過時点での意識を見てみよう[1]。

　東日本大震災後，全体的な関心事は何であったのか（質問文は，「今回の震災後，より関心を持つようになったことは何ですか」である）尋ねた（図7-1）。回答割合をみると，エネルギー問題（56.7%），食事や食生活（48.3%），

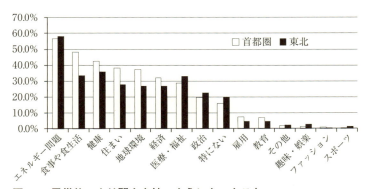

図7-1　震災後，より関心を持つようになったこと

136　　第Ⅱ部　食卓メニューの特徴と変化

健康（42.3％）の順であった。東北[2]では，エネルギー問題（58.0％），健康（35.8％），食事や食生活（33.6％）の順であった。ここで東北のデータは別途実施されたアンケート結果を援用しており，その回答者は男女半々，回答時期は6月であるということに留意が必要である。食事や食生活の回答割合の順番が前後し，また政治については東北のほうの割合が高いが，これは首都圏の回答者は女性のみであることを反映していると考えられる[3]。したがって，東日本大震災から数か月経った時点で首都圏でも東北でも関心の高まった項目については，ほぼ同様な傾向を示していると推察される。食事や食生活は，住まいや経済以上に関心の高まった事であることがうかがわれた。

　健康意識が高まっていることの背景には，放射線量に対する不安や体調管理の必要性に対する認識の高まりがあったと考えられるが，ここでは食事における健康意識について観察する。健康によりよい食事を心がけるようになったかどうか尋ねたところ，「心がけるようになった」16.7％，「少し心がけるようになった」32.0％であり，約半数の回答者が東日本大震災以降それまで以上に健康を意識した食事を心がけるようになったことがうかがわれた。そこで，「心がけるようになった」と「少し心がけるようになった」を「心がけるようになった層」（変化あり層）とし，変化ありなしと世帯属性との関連を探る。このため数量化Ⅱ類分析を行った（表7-1）。世帯属性の項目の中で，長子と配偶者の出身地は他の項目と相関があることから除いた。相関比は0.03，確率による判別的中率は57.3％であり関連性はほとんどなかったが，P値は5％水準で有意であった。今後さらなる分析が必要であるが，参考までに観察された特性を述べる。項目別では，居住地が，レンジで2位，偏相関係数（以下「偏相関」と略す）で1位を示した。ある項目内でカテゴリースコアの大きいカテゴリーに属するほど心がけるようになった層に判別され，一方同小さいほど変化していない層に判別される傾向が高まる。居住地をみると，埼玉県で0.90，神奈川県で−0.93となっており，神奈川県の回答者は，東日本大震災前後で食事における健康意識が変化していない可能性がある。また，就業形態が，レンジで1位，偏相関で2位を示した。カテゴ

第７章　東日本大震災による影響　　*137*

表 7-1　健康意識と世帯属性との関連

項目名	カテゴリー名	回答者数	カテゴリースコア	心がけるようになった層の割合	レンジ（上段）偏相関（下段）
居住地	東京都	121	0.0442	48.8%	
	神奈川県	86	−0.9334	40.7%	1.832
	埼玉県	44	0.8981	56.8%	0.118
	千葉県	49	0.7227	55.1%	
年齢	20 歳代	22	0.7353	54.5%	
	30 歳代	112	−0.2131	48.2%	0.948
	40 歳代	98	0.0083	48.0%	0.029
	50 歳代	56	0.0244	48.2%	
	60 歳代	12	0.4590	50.0%	
世帯人数	2 人	73	−0.0378	46.6%	
	3 人	91	0.1129	50.5%	0.950
	4 人	98	0.2102	51.0%	0.058
	5 人〜	38	−0.7399	42.1%	
就業形態	専業主婦	191	0.3914	51.8%	
	パート・アルバイト	70	−1.0062	40.0%	1.885
	フルタイム	28	−0.4996	46.4%	0.100
	自営業等その他	11	0.8791	54.5%	
本人の出身地	関東	205	−0.1916	46.3%	0.605
	それ以外	95	0.4134	53.7%	0.068

リースコアをみると，自営業等その他で0.88，パート・アルバイトで−1.01
となっており，パート・アルバイトに従事している女性は，東日本大震災前
後で食事における健康意識が変化していない可能性がある。

（2）購入意識に対する影響

　アンケート９（対象は，首都圏１都３県に住む２人以上世帯の女性。内訳
は巻末参照）に基づいて，東日本大震災発生後，おおむね半年経過時点での
意識を見てみよう。自宅での夕食メニューの食材を購入する時の意識につい
て尋ねた。ここで，メニューは，**表5-7**に基づき，出現頻度の多い15メニュ
ーとした。東日本大震災後，メニューの食材の購入時，産地（生産地，原産
地）を気にするようになったものはどのメニューか複数回答で尋ねた。回答
割合をみると，単品生野菜50.7％，生の果物35.3％，刺身類33.3％，魚の煮物・
焼物等30.7％，ご飯類30.3％，野菜の煮物・揚物等30.3％であった。出現頻

138　第Ⅱ部　食卓メニューの特徴と変化

度の多いメニューについて，その食材の産地を気にするようになったものは
ないとの回答割合は30.0％であった。多くの女性は産地を気にするようにな
っており，その食材は，野菜，果物，魚，コメである。食品購入における被
災地復興支援に関して，購入する食品が東日本大震災の被災地復興の支援に
結びつくことを意識するかどうか尋ねたところ，「意識する」10.0％，「ある
程度意識する」44.7％であり，半数強の回答者は意識していることがうかが
われた。

　アンケート10（対象は，首都圏１都３県に住む２人以上世帯の女性。内訳
は巻末参照）に基づいて，東日本大震災が発生してから約１年後における意
識を見てみよう。自宅での夕食メニューの食材を購入する時の意識について
尋ねた。対象メニューと質問項目は前記半年経過時点と同様である[4]。産地
を気にするようになったとの回答割合をみると，単品生野菜48.0％，生の果
物34.3％，魚の煮物・焼物等32.7％，刺身類32.0％，ご飯類28.7％，野菜の煮物・
揚物等27.7％であった。出現頻度の多いメニューについて，その食材の産地
を気にするようになったものはないとの回答割合は34.3％であった。多くの
女性は，東日本大震災から約１年経過時点においても産地を気にするように
なっており，その食材は，野菜，果物，魚，コメである。刺身類の回答割合
が野菜のそれより低くなっているが，この背景として，魚の産地（水揚げ港
等）を気にする以前に，刺身類の消費そのものを減らしている消費者がいる
ことが考えられる。購入する食品が東日本大震災の被災地復興の支援に結び
つくことを意識するかどうか尋ねたところ，「意識する」8.0％，「ある程度
意識する」33.7％であり，４割強の回答者は意識していることが観察された。

　食材の産地を気にするようになったメニューに対する回答割合について，
東日本大震災後約半年経過時点から約１年経過時点への変化を見るため，２
時点ごとにカイ２乗検定を行ったところ，約半年経過時点でのカイ２乗値は
1.9，約１年経過時点では同1.5であった。いずれの場合も５％水準で有意差
はないという結果を得られたことから，半年間で変化があったとはいいきれ
ない。食品購入時における被災地復興支援に関する意識の変化を見ると，「被

第7章 東日本大震災による影響　*139*

災地復興支援をある程度意識する」回答割合が44.7％から33.7％へ下降し，「被
災地復興支援をあまり意識しない」回答割合が34.7％から46.0％へ上昇してい
た。これより，食品購入時において被災地の復興支援を意識するかどうか
について，その意識の強さは半年間で薄れてきていることがうかがわれた。
ただし，食品購買において，被災地を支援することと放射性物質を回避する
ことに関する女性の意識は多様であることに留意が必要である[5]。

2．食卓メニューへ与えた影響

（1）食卓メニューの出現頻度から見た影響

　自宅での夕食メニューへの影響を，東日本大震災の前半年と後半年を比較
することによって，メニュー出現，惣菜利用，冷凍食品利用から観察する。
以下では「半年」「半年間」はおおむねの時期，期間であることを留意願い
たい。

　まず，アンケート9（対象は，首都圏1都3県に住む2人以上世帯の女性。
内訳は巻末参照）に基づいて，東日本大震災発生後，半年経過時点での夕食
メニューへの影響を見てみよう[6]。

　東日本大震災の影響で自宅での夕食メニューの出現頻度が，増加したのか
減少したのかを尋ねた[7]。ここで，メニューは，出現頻度の多い15メニュ
ーとした[8]。増加の回答割合が減少の回答割合を上回ったメニュー数は7メ
ニュー，その逆も7メニュー，それぞれが同数は1メニューであった（**表
7-2**）。東日本大震災の影響で出現頻度が増加したと回答されたメニューは，
ご飯類（6.7％），豆腐料理（6.0％），減少したと回答されたメニューは，刺
身類（16.7％），魚の煮物・焼物等（13.3％），単品生野菜（13.3％）である。
出現頻度の多いメニューについて，出現頻度の少ないメニューを無視すれば
1つ以上のメニューが増加しているとの回答割合は27.0％（＝100－73.0），
同減少しているとの回答割合は41.7％（＝100－58.3）であること，及び10％
以上減少していると回答されたメニューが4メニューもあることから，東日

140   第Ⅱ部　食卓メニューの特徴と変化

表7-2　夕食メニューの変化（複数回答）

メニュー	増加	減少
飲料	4.33%	0.33%
ご飯類	6.67%	0.33%
野菜の煮物・揚物等	4.00%	6.33%
アルコール	2.00%	5.67%
味噌汁	5.33%	1.33%
漬物	2.33%	1.67%
サラダ	3.33%	10.33%
魚の煮物・焼物等	2.33%	13.33%
単品生野菜	1.33%	13.33%
生の果物	1.67%	5.33%
ひき肉料理	3.00%	1.00%
納豆・のり	6.33%	6.33%
豆腐料理	6.00%	1.00%
豚肉料理	4.67%	3.33%
刺身類	1.33%	16.67%
上記で増えた／減ったものはない	73.00%	58.33%

注：値はメニューごとに増加／減少したと回答したモニター
数を全回答者数である300で除したものである。

本大震災発生前の半年間と発生後の半年間を比べると夕食のメニュー数は減
少していることがうかがわれた。

　メニューの内訳を見ると，刺身類や単品生野菜，魚の煮物・焼物等の出現
頻度が震災前後の半年間で減少しているが，これらには首都圏に近接してい
る被災地域産の生鮮野菜，生鮮魚の供給状況が関係していると考えられる。
減少した要因として，生鮮野菜については生産・流通インフラの被災と放射
性物質の大気への放出，生鮮魚については漁港・漁村の被災による水揚げの
減少と放射性物質含有汚染水の海への放出が想定される。

　東日本大震災後半年間での惣菜の利用頻度の変化について見る。東日本大
震災の影響で利用頻度が増加したと回答された惣菜は，カツ・フライ（6.7%），
コロッケ（6.7%），から揚げ等鶏肉料理（5.0%），減少したと回答された惣
菜は，刺身（15.0%），煮魚・焼魚（7.0%），サラダ（6.7%）である。利用
頻度の多い惣菜[9]について，利用頻度の少ない惣菜を無視すれば1つ以上
の惣菜が増加しているとの回答割合は18.7%（＝100－81.3），同減少してい
るとの回答割合は26.7%（＝100－73.3）である。全体的に半年間で惣菜の利

用は減少していると推測されるが，その度合いはメニュー数ほど顕著ではないことがうかがわれた。冷凍食品の利用頻度の変化について見る。大震災の影響で利用頻度が増加したと回答された冷凍食品は，うどん（7.7％），スパゲッティー・パスタ（5.0％），減少したと回答された冷凍食品は，鶏肉のから揚げ・竜田揚げ・フライドチキン（3.7％）である。利用頻度の多い冷凍食品[10] について，利用頻度の少ない冷凍食品を無視すれば1つ以上の冷凍食品が増加しているとの回答割合は15.3％（＝100−84.7），同減少しているとの回答割合は6.7％（＝100−93.3）である。半年間で冷凍食品の利用はやや増加していることがうかがわれた。

　次に，アンケート10（対象は，首都圏1都3県に住む2人以上世帯の女性。内訳は巻末参照）に基づいて，東日本大震災発生の前1年間から後1年間にかけて自宅での夕食メニューの変化を観察する。以下では「1年」「1年間」はおおむねの時期，期間であることに留意願いたい。

　東日本大震災の影響で自宅での夕食メニューの出現頻度が，増加したのか減少したのかを尋ねた[11]。ただし増加あるいは減少した量は把握していない。増加の回答割合が減少の回答割合を上回ったメニュー数は8メニュー，その逆は7メニューであった。東日本大震災の影響で出現頻度が増加したと回答されたメニューは，豆腐料理，納豆・のり，豚肉料理であり，減少したと回答されたメニューは，刺身類，魚の煮物・焼物等，単品生野菜である。出現頻度の多いメニューについて，出現頻度の少ないメニューを無視すれば1つ以上のメニューが増加しているとの回答割合は20.3％，同減少しているとの回答割合は32.7％であること，及び減少しているとの回答割合が10％以上を示しているメニューが2メニューもあることから，東日本大震災発生前の1年間と発生後の1年間を比べると夕食のメニュー数は減少したといえる。

　東日本大震災の影響によって，震災前後の1年間で夕食のメニュー数は減少したことがうかがわれた。メニューの内訳を見ると，刺身類や魚の煮物・焼物等，単品生野菜の出現頻度が，震災前後の1年間で減少しているが，これらには首都圏に近接している被災地域産の生鮮魚，生鮮野菜の供給状況が

142　第Ⅱ部　食卓メニューの特徴と変化

関係していると考えられる。減少した要因として，生鮮魚については漁港や漁船の被災による水揚げの減少と放射性物質含有汚染水の海への放出，生鮮野菜については放射性物質の大気への放出が想定される。東日本大震災から1年経過時点においても我々の食卓は，依然として大きな影響を受けていたことがうかがわれる。

　東日本大震災発生後1年間での惣菜の利用頻度の変化について見る。東日本大震災の影響で利用頻度が増加したと回答された惣菜は，コロッケ，カツ・フライ，から揚げ等鶏肉料理と弁当，減少したと回答された惣菜は，刺身，サラダ，煮魚・焼魚である。総菜の利用への影響を見ると，魚や生野菜系から魚や野菜以外の揚げ物系へ変化した可能性がある。減少したと回答された惣菜は，夕食メニューの出現頻度が減少したと回答された，刺身類，魚の煮物・焼物等，単品生野菜とおおむね共通していることから，惣菜利用の減少が夕食メニューの減少に結びついた可能性がある。冷凍食品の利用頻度について見る。東日本大震災の影響で利用頻度が増加したと回答された冷凍食品は，うどん，スパゲッティー・パスタ，カツ・フライと鶏肉のから揚げ・竜田揚げ・フライドチキン，減少したと回答された冷凍食品は，鶏肉のから揚げ・竜田揚げ・フライドチキン，カツ・フライとスパゲッティー・パスタであった。

（2）食卓メニューへ与えた影響の収束状況

　メニューの出現状況，惣菜利用，冷凍食品利用について，東日本大震災後約半年経過時点から約1年経過時点への変化を見る。以下では，「半年後」「1年後」の表現について，厳密に設定した期間ではなくおおむねの期間を表していることに留意願いたい。震災後半年経過時点から1年経過時点にかけて，出現頻度が上位のメニューの中で出現頻度の減少したメニューはないとの回答割合が上昇していることから，食卓におけるメニュー出現状況は全体的に震災以前の姿に戻りつつあるかもしれない。ただし，出現が減少しているメニューに対する回答割合について，2時点ごとにカイ2乗検定を行ったとこ

第7章　東日本大震災による影響　　*143*

表7-3　大震災発生前後において「出現が減少しているメニュー」回答割合の変化

メニュー	半年後	1年後	変化度
飲料	0.33%	1.00%	3.00
ご飯類	0.33%	0.33%	1.00
野菜の煮物・揚物等	6.33%	2.33%	0.37
アルコール	5.67%	6.00%	1.06
味噌汁	1.33%	1.67%	1.25
漬物	1.67%	2.33%	1.40
サラダ	10.33%	7.33%	0.71
魚の煮物・焼物等	13.33%	10.00%	0.75
単品生野菜	13.33%	8.67%	0.65
生の果物	5.33%	3.00%	0.56
ひき肉料理	1.00%	1.67%	1.67
納豆・のり	6.33%	1.67%	0.26
豆腐料理	1.00%	0.00%	0.00
豚肉料理	3.33%	0.33%	0.10
刺身類	16.67%	16.33%	0.98
上記で減ったものはない	58.33%	67.33%	1.15

注：変化度は1年後の値を半年後の値で除したものである。

ろ，半年経過時点でのカイ2乗値は2.0，1年経過時点では同3.5であり，いずれの場合も5％水準で有意差はないという結果を得られたことから，半年間で変化があったとはいいきれない。出現が減少しているメニューを見ると（**表7-3**），刺身類については，半年経過時点と1年経過時点で回答割合にほとんど変化がなかったが，単品生野菜，魚の煮物・焼物等，サラダについては，「出現が減少した」との回答割合が下降していた。食品中の放射性物質に関する検査の実施・結果公表が一定の効果を発揮した可能性がある。

　惣菜利用について，種類別に減少したとの回答割合の変化を観察すると，刺身は15.0％から13.7％へ，煮魚・焼魚は7.0％から7.0％へ，サラダは6.7％から8.0％へとなっており，震災発生の半年後から1年後の半年間であまり変化していなかった。冷凍食品利用について，種類別に増加したとの回答割合の変化をみると，スパゲッティー・パスタ（5.0％→4.0％）を除く冷凍食品[12]では，その増加しているとの回答割合は震災発生の半年後から1年後の半年間で上昇していた。冷凍食品のほうが惣菜よりも食卓メニューの充実に対して貢献した可能性がある。

144 第Ⅱ部 食卓メニューの特徴と変化

注

1）詳細は，伊藤雅之（2012）「東日本大震災が食卓へ及ぼした影響」『2012年度日本農業経済学会論文集』日本農業経済学会，pp.231～237を参照のこと。

2）当該アンケートは，東日本リサーチセンターが東北6県を対象として2011年6月に実施した（回答者数1,000名）ものである。

3）内閣府が実施した「国民生活に関する世論調査」（2009年6月調査）では，今後の生活の力点を食生活とすると回答した割合が男性19.5％，女性32.1％，同調査（2010年6月調査）では，同19.7％，30.3％であった。内閣府が実施した平成17年度国民生活選好度調査，及び平成20年度同調査の分析結果において「概して女性よりも男性の方が社会や政治に関心を持つ割合が高い」ことが指摘されている。ただし，ライフネット生命保険株式会社が2012年2月に実施した「東日本大震災後の意識・行動の変化に関する調査」で，政治に強い関心を持っていることについてあてはまるかどうか尋ねたところ，震災後では男性48.3％，女性46.9％があてはまると回答しており，政治的関心度は男女同程度であるとの指摘もある。

4）詳細は，伊藤雅之（2012）「東日本大震災後における食品の放射能汚染に関する消費者意識と夕食メニューの変化」『農村研究』東京農業大学農業経済学会，第115号，pp.1～12を参照のこと。

5）食品の購入時に被災地支援を意識するかどうかと放射性物質の検査を考慮するかどうかについてクロス集計を行った。「支援をある程度意識し，放射性物質の検査情報をある程度考慮する」の割合が19.7％と最も多く，「支援をあまり意識せず，放射性物質の検査情報をある程度考慮する」19.0％，「支援をあまり意識せず，また放射性物質の検査情報をあまり考慮しない」17.7％，「支援をある程度意識し，放射性物質の検査情報をあまり考慮しない」6.7％となっており，それぞれの意識が拮抗していた。また，アンケート9（2011年10月実施）では，「支援をある程度意識し，放射性物質の検査情報をある程度考慮する」の割合が25.7％と最も多く，「支援をあまり意識せず，また放射性物質の検査情報をあまり考慮しない」13.3％，「支援をあまり意識せず，放射性物質の検査情報をある程度考慮する」13.0％，「支援をある程度意識し，放射性物質の検査情報をあまり考慮しない」11.7％であった。東日本大震災発生後約半年経過時点から約1年経過時点にかけて，支援を意識する度合が弱まった可能性がある。

6）詳細は，伊藤雅之（2012）「東日本大震災が食卓へ及ぼした影響」『2012年度日本農業経済学会論文集』日本農業経済学会，pp.231～237を参照のこと。

7）質問文は，「次のメニューの中で，東日本大震災前の半年間と比較して，東日本大震災後の半年間で，震災の影響で自宅での夕食メニューとして登場する回数の増えたものはどれですか（回答はいくつでも）」である。アンケートを

実施した時期がおおむね大震災後半年経過時点であったので，この半年間の各メニューの登場回数の合計で大震災による影響を把握することとした。また，食卓メニューの選択には季節性があるので，短い期間でメニュー出現数を比較するような質問をすると，この影響が大きく反映すると判断した。ただし，一般的に毎日のメニューを記録している女性は少ないこと，東日本大震災直後のメニュー構成が強い印象を与えていることから，定性的・感覚的な判断に基づく回答となっていることに留意する必要がある。

8）夕食メニューの出現頻度については，第5章2．（1）を参照のこと。

9）自宅での夕食メニューにおける惣菜利用についての詳細は，伊藤雅之（2010）「家庭の夕食における調理済み食品の利用に関する一考察」『共生社会システム研究』共生社会システム学会，Vol. 4 No.1，pp.42 ～ 64を参照のこと。

10）自宅での夕食メニューにおける冷凍食品利用についての詳細は，伊藤雅之（2010）「家庭の夕食における調理済み食品の利用に関する一考察」『共生社会システム研究』共生社会システム学会，Vol. 4 No. 1，pp.42 ～ 64を参照のこと。

11）質問文については，注7）で述べたとおりであるが，「半年間」を「1年間」に置き換えて尋ねた。

12）具体的には，うどん，中華料理，和風料理，カツ・フライ，洋風料理，ハンバーグ，鶏肉のから揚げ・竜田揚げ・フライドチキン，コロッケ，ラーメン・そば等，である。

第Ⅲ部　ネット購買が食卓メニューへ及ぼす影響
―ネット購買の普及は，食卓メニューへどのような変化をもたらすか―

　情報通信技術に関する技術革新や社会におけるインターネット利用環境の充実に伴い，わが国でeコマースが今後ますます普及していくことは，異論のないところであろう。そこで，第Ⅰ部，第Ⅱ部で得られた知見を踏まえて，ネット購買の普及が食卓メニューへ及ぼす影響を見通す。

　本書では，その多くの分析で，首都圏１都３県在住の２人以上世帯の20歳以上の女性を対象としているので，今後の見通しもこの条件に制約されていることに留意願いたい。

〈自宅での夕食回数は増えるか？〉

　2006年における自宅での夕食回数は，平均287.5回/年（週５回強）であった。月別変動では，８月に夕食回数が少ない。曜日別変動では，土曜日，日曜日に少なく，月曜日に最も多く，金曜日にかけて少なくなっていた。

　2006年から2007年にかけて，同一家庭で，自宅での夕食回数が有意に減少していたことから，年齢を重ねるにつれて，自宅での夕食回数は減少することがうかがわれた。

　今後，モバイル利用環境の充実に伴ってネット購買が普及すれば，買い物回数は減少するので，余剰時間が発生する。また自宅での野菜の消費量は拡大する。

　野菜のネット購買利用者を４つのクラスターに分類したところ，食生活の充実意識の高い積極型グループ（27.6％）と利用野菜の充実重視型グループ（30.6％）の合計が，全体の６割弱を占めた。

148　第Ⅲ部　ネット購買が食卓メニューへ及ぼす影響

　野菜のネット購買利用者は食生活の充実意識が強いことから，メニューの
バリエーションが増える。メニューのバリエーションを増やそうとすると外
食や惣菜利用では対応しにくいので，自宅での夕食回数は増加する。一方で，
余剰時間が発生すると当該時間が食品消費活動以外の活動に振り向けられる
可能性があり，この場合自宅での夕食回数は減少する。また高齢化するとと
もに自宅での夕食回数が減少する可能性がある。全体として，自宅での夕食
回数が増えるかどうかは，判断しにくいといわざるをえない。

　野菜のネット購買におけるサイト利用の重要項目として，6割以上の消費
者が野菜の品質が信頼できることをあげた。野菜に限ったことではあるが，
これが食品全般にいえるという前提のもとで，ネット販売における食品の信
頼性が今まで以上に高まれば，自宅での夕食回数は増えるともいえる。

〈自宅での夕食のメニュー数は増えるか？〉

　2006年における自宅での夕食1回あたりの年平均メニュー数は6.4メニュ
ーであった。月別変動を見ると，1月から8月にかけてメニュー数は増大し
8月から12月にかけて減少する傾向が見られた。曜日別変動を見ると，月曜
日から金曜日にかけて減少し，金曜日から月曜日にかけて増加する傾向が見
られた。

　消費者は，メニューを決定するとき，売り場を重視する度合いが高いほど，
平日の支度時間が長くなり，平均メニュー数も増える傾向が見られた。

　2006年から2007年にかけて，同一家庭において，自宅での夕食における年
間メニュー数，夕食あたりの平均メニュー数は，有意に減少していたことか
ら，年齢を重ねるにつれて，夕食メニューの年間合計数や平均数は減少して
いることがうかがわれた。

　ネット購買が普及すれば，ナビゲーターの登場とも相まって，ネット上の
売り場をより吟味できるようになる。また，メニュー数が減少する冬場でも
野菜購買の利便性を確保できるので，ネット購買は消費者の買い物負荷意識
の軽減に貢献する。さらに，自宅での野菜の消費量は拡大する。

消費者は，レシピ情報やグルメ情報の入手のため平均で年間38回ネットへアクセスしている。今後SNSやスマートフォンが普及していくことによって，情報入手の利便性が高まるので，メニュー数が増える可能性がある。

　ネット購買によって自宅での夕食のメニュー数は増大することが見込まれるが，一方で高齢化によってメニュー数が減少する可能性もある。メニュー情報提供サービスやナビゲーターの普及度合もメニュー数の増減に影響を与えるであろう。

〈自宅での夕食の定番メニューは増えるか？〉

　2006年における自宅での夕食メニューの出現頻度を見ると，飲料286.7回/年，ご飯類265.6回/年，野菜の煮物等136.7回/年，アルコール129.7回/年，味噌汁等116.3回/年，漬物107.1回/年となっていた。

　多頻度出現メニュー数と世帯属性との関連や個別メニューの出現頻度との関連を見たところ，メニューを売り場で決める傾向の強い売り場重視型であればあるほど定番メニュー数は多くなる傾向が見られた。

　世帯人数が少ないほど，売り場重視型の傾向は弱まる。今後2人以上世帯での世帯人数の減少傾向が強まると予想されるので，売り場重視型の消費者は減少する可能性がある。

　女性の年齢が上がるとともに出現頻度の高いメニューが増えていくことによって，食卓に出現するメニューが固定化していく可能性が示唆された。今後高齢化によってメニューも固定化していく可能性がある。とくに，年齢が上がるとともに，食生活における健康志向や価格志向が高まり，これに沿ったメニューが選択されやすくなるであろう。

　ネット購買が普及すれば，消費者は，ナビゲーターの登場とも相まって，ネット上の売り場をより吟味できるようになる。したがって，2人以上世帯の中で2人世帯が増加するので売り場重視型消費者は減少すると見込まれるが，全体的にはナビゲーターの力を借りることで結果的にネット上の売り場を重視することにつながる。

150　第Ⅲ部　ネット購買が食卓メニューへ及ぼす影響

　以上より，ネット購買が普及すれば，夕食での定番メニュー数は増大すると見込まれる。

〈自宅での夕食で食す野菜の種類は増えるか？〉

　たまねぎは，2006年1年間で105.3の夕食メニューに利用された。にんじんは，101.4，ねぎ97.8，きゅうり83.2，だいこん70.2，キャベツ58.3，レタス50.9，トマト48.6，じゃがいも46.0，ピーマン28.1であり，以上10品目で，全体の80.5％を占める。現時点では，夕食メニューに登場する野菜の集中傾向が見られるが，そうであればこそ，将来的に消費者の意識の変化とともに利用野菜の種類が多様化する可能性はあろう。

　ネット購入1回あたりの野菜の種類数を見ると，4種類以下と5種類以上のネット購買利用者の割合がほぼ同じ程度となっていた。鮮度を重視すれば，一度に多くの野菜を購入することは困難かもしれないが，それでも野菜の種類を増やす余地はあろう。

　ネット購買利用者について，ネット購買開始前後を比較すると，煮物メニューの出現頻度は，1週間あたり2.07回から2.16回へ，野菜の登場する肉料理や魚料理の出現頻度は，同3.20回から3.31回へ増加すると試算された。

　野菜の種類を増やす余地は存在し，またネット購買の普及とともに野菜の消費量は増大することに伴って，野菜の種類も増える可能性がある。

　一方で，2人以上世帯において世帯人数が少ないほど消費者の安全志向と価格志向は高まることから考えると，今後2人以上世帯の平均世帯人数は減少すると見込まれるので，これらの志向に合致した野菜が選択されがちとなることによって，野菜の種類は減ることが見込まれる。

　2006年から2007年にかけて，同一家庭における自宅での夕食に用いられる食材としての野菜の利用頻度を見ると，20品目中15品目で減少しており，そのうち5品目では有意に減少していたことから，年齢を重ねるにつれて，食材として用いられる野菜の数は減少することがうかがわれた。

　野菜におけるネット購買利用者を4つのクラスターに分類したところ，積

極型グループ（27.6％），利用野菜の充実重視型グループ（30.6％），保守型グループ（17.2％），負荷軽減重視型グループ（24.6％）の４つに類型化された。すなわち，食生活の充実意識の高い積極型と利用野菜の充実重視型の合計が，全体の６割弱を占めた。利用野菜の充実重視型では子供なし世帯の割合が低いことが観察された。今後少子化が継続すれば，利用野菜の充実重視型の割合が増えるとは考えにくい。

ネットチャネルの選択要因からネット購買利用者を分類すると，多面評価型22.4％，利便性重視多様性低関心型40.0％，利便性低関心型37.6％であった。インターネット自体の使いやすさに，より強い魅力を感じる利便性重視多様性低関心型が最も多い。このような内訳がそのまま継続されれば，野菜の種類が増えるとは考えにくい。

少子高齢化と，ネットチャネルについてその使いやすさに魅力を感じて利用する消費者の増大が顕著になれば，野菜の種類は減少することが見込まれる。

以上のとおり，食材として利用される野菜の種類が増大する，あるいは減少するといった両方の動きが見込まれ，消費者はいずれかに分割されていく可能性もある。

もし，今後利用野菜の種類をより拡大しようとするのであれば，事業者サイドは，消費者がネットを利用することによって食生活全体にメリットが生じることを消費者に伝えていくことが求められる。消費者が野菜をネット経由で購入し消費することに関して，ネット利用場面と食生活場面におけるトータルでの消費価値を認識するかどうかが，野菜の種類の増減を左右する。

〈自宅での夕食でどのような野菜が食されるようになるか？〉

2006年における夕食メニューでの主要野菜の登場順位は，たまねぎ，にんじん，ねぎ，きゅうり，だいこん，キャベツ，レタス，トマトの順番であった。

2006年から2007年にかけて，同一家庭において，食材としての利用頻度の

152　第Ⅲ部　ネット購買が食卓メニューへ及ぼす影響

高いたまねぎ，にんじん，ねぎについて，その利用頻度が変化したとはいえないという結果が得られた。これらについては，消費者が年齢を重ねても，その利用状況は変わらず，定番食材としての地位を確立している可能性がある。

　ネット購買利用者について，購入野菜の品目別登場割合の分布を見ると，「7割程度以上の割合で含まれている」の回答者割合は，たまねぎ，じゃがいもで10.2％と最も大きく，次にキャベツ，トマトで8.7％であった。ネット利用が進めば，利用頻度が中位に位置するじゃがいも，キャベツ，トマトの利用が増える可能性がある。

　購入野菜の品目に着目してネット購買利用者の内訳を見ると，バランス型購入グループ5割，サラダ系調達型購入グループ3割，重量系ストック調達型購入グループ2割となっている。したがって，野菜の重さを意識しているネット購買利用者は相対的に多くないので，重量系野菜が多く購入されるようになるとは考えにくい。

　利用頻度の低い野菜の利用を拡大させるためには，次の点に留意する必要がある。

　安全志向の高い消費者のほうが売り場重視になりやすいことから，東日本大震災後，売り場重視の買い物行動が増大したと考えられる。供給者サイドは，限られた空間である売り場での情報提供を補完する観点から，サイト上で野菜に関する詳細な情報を提供できるようにしておくことが求められる。

　モバイル機器での注文や配達範囲の拡大によって，ネット利用の利便性が今まで以上に高まっていくとすれば，とくに30歳代，40歳代の女性を中心として野菜のネット購買の普及が見込まれる。インターネット自体の使いやすさに魅力を感じ節約性意識も高い多面評価型の女性をターゲットにするのであれば，健康，食品安全，環境に関する食関連ポータルサイトとネット販売サイトとの連携を充実させることが有効である。

〈野菜を使った食卓メニューは変化するか？〉

　各野菜がどのようなメニューに用いられているかという視点から野菜を分類すると，単用途野菜には，かぼちゃ，れんこん，きゅうり，ほうれん草，レタス，複数用途野菜には，ごぼう，かんしょ，ブロッコリー，さといも，トマト，多用途野菜には，にんじん，ピーマン，たまねぎ，キャベツ，じゃがいも，だいこん，なす，ねぎ，もやし，はくさいが該当した。

　メニューごとの野菜利用について，2006年から2007年への変化を見たところ，同一家庭において，サラダ・味噌汁等定番料理への利用度合いに変化はなかったが，たまねぎのひき肉料理への利用頻度が有意に減少していた。このように多用途野菜では，加齢に伴い特定のメニューへの利用頻度が減少することもあることから，メニューのブームや多用途野菜のレシピ情報の動向を注視する必要がある。

　ネット経由での野菜購入実態に基づく分析によって，レタス，トマト，キャベツ，だいこん，きゅうり等サラダ系調達型購入グループは，バランス型購入グループや重量系ストック調達型購入グループと比べて食材宅配サイトを高頻度で利用していることがうかがわれた。当該購入グループは，野菜の購入品目数が多く，購入金額も高い傾向が見られた。今後食材宅配サイトの利用が伸びれば，バラエティーに富んだサラダメニューが増える可能性がある。

　ネット購買の開始前後において，自宅の夕食でたまねぎ・じゃがいも・にんじん等を使った煮物メニュー，あるいは野菜も登場する肉料理や魚料理メニューの出現頻度が増加していた。

　以上のように，ネット購買の普及によって，野菜を使った食卓メニューはより多彩なものになっていく。家庭単位で見ると，定番メニューは増えると見込まれたが，家庭ごとのそれぞれの定番メニューは多様化していく可能性がある。

154 　第Ⅲ部　ネット購買が食卓メニューへ及ぼす影響

Webアンケートの実施時期と都県別回答者数

　Webアンケートの対象者は，首都圏１都３県に住む２人以上世帯の20歳以上の女性である。都県別の回答者数は，次に示すとおりである。各アンケートの世帯属性の内訳はそれぞれ異なってはいるが，おおまかに見ると，年代別では30歳代，40歳代，50歳代がそれぞれ３割程度，世帯人数では３人世帯，４人世帯がそれぞれ３割程度，就業形態では専業主婦が６割程度となっている。

アンケート１
実施時期：2012年10月８日〜10月15日
東京都127名，埼玉県55名，千葉県47名，神奈川県71名
アンケート２
実施時期：2013年２月14日〜２月18日
東京都114名，埼玉県52名，千葉県43名，神奈川県91名
アンケート３
実施時期：2013年６月11日〜６月14日
東京都138名，埼玉県45名，千葉県40名，神奈川県77名
アンケート４
実施時期：2013年10月９日〜10月15日
東京都150名，埼玉県60名，千葉県44名，神奈川県106名
アンケート５
実施時期：2013年11月15日〜11月25日
東京都160名，埼玉県42名，千葉県62名，神奈川県96名
アンケート６
実施時期：2014年２月７日〜２月19日
東京都137名，埼玉県36名，千葉県50名，神奈川県77名
アンケート７
実施時期：2015年１月31日〜２月８日
東京都99名，埼玉県31名，千葉県36名，神奈川県62名
アンケート８
実施時期：2015年６月５日〜６月28日

東京都106名，埼玉県42名，千葉県24名，神奈川県83名
アンケート9
実施時期：2011年10月1日～10月5日
東京都121名，埼玉県44名，千葉県49名，神奈川県86名
アンケート10
実施時期：2012年3月2日～3月7日
東京都132名，埼玉県42名，千葉県51名，神奈川県75名
アンケート11
実施時期：2012年5月17日～5月20日
東京都135名，埼玉県45名，千葉県41名，神奈川県79名
アンケート12
実施時期：2012年6月9日～6月11日
東京都127名，埼玉県48名，千葉県57名，神奈川県68名

著者略歴

伊藤　雅之（いとう　まさゆき）

1955年　宮城県生まれ
1979年　東京工業大学理学部情報科学科卒業
1981年　東京工業大学大学院総合理工学研究科システム科学専
　　　　攻修士課程修了
1981年　株式会社三菱総合研究所入社
　　　　社会インフラに関するビジョン策定や整備効果計測等
　　　　各種調査に従事
2007年　東北文化学園大学総合政策学部准教授
2011年　博士（農業経済学，東京農業大学）
2014年　尚美学園大学総合政策学部教授

野菜消費の新潮流
―ネット購買と食卓メニューから見る戦略―

2016年7月10日　第1版第1刷発行

　　　　　著　者　伊藤雅之
　　　　　発行者　鶴見治彦
　　　　　発行所　筑波書房
　　　　　　　　　東京都新宿区神楽坂2－19 銀鈴会館
　　　　　　　　　〒162－0825
　　　　　　　　　電話03（3267）8599
　　　　　　　　　郵便振替00150－3－39715
　　　　　　　　　http://www.tsukuba-shobo.co.jp
　　　定価はカバーに表示してあります

印刷／製本　中央精版印刷株式会社
© Masayuki Ito 2016 Printed in Japan
ISBN978-4-8119-0488-7 C3033